有效沟通

郎艺丹 著

南方日报出版社
NANFANG DAILY PRESS
中国·广州

图书在版编目（CIP）数据

有效沟通 / 郎艺丹著. -- 广州 : 南方日报出版社，2024. 11. -- ISBN 978-7-5491-2927-0

Ⅰ. G78

中国国家版本馆 CIP 数据核字第 20248441SJ 号

YOUXIAO GOUTONG

有效沟通

郎艺丹　著

出版发行： 南方日报出版社
地　　址： 广州市广州大道中 289 号
出 版 人： 周山丹
策 划 人： 柏沐芸　邵　晨
责任编辑： 曹　星　黄敏虹
特约编辑： 邵　晨
责任校对： 熊丽思
责任技编： 王　兰
插画绘制： 柏露雪
装帧设计： 柏露雪
经　　销： 全国新华书店
印　　刷： 长沙沐阳印刷有限公司
成品尺寸： 150 mm × 230 mm
印　　张： 12.5
字　　数： 118 千字
版　　次： 2024 年 11 月第 1 版
印　　次： 2024 年 11 月第 1 次印刷
定　　价： 48.00 元

推荐序一

艺丹老师的新书即将付梓，邀请我写序。艺丹老师讲沟通的话题，我很欣喜，这正是家长需要的。家长说话的内容不一定能改变孩子，但家长说话的方式一定能影响孩子。而说话的方式是怎样的，关键就在于家长是否了解沟通的核心。

沟通的核心是什么呢？

翻开艺丹老师写的书，开篇第一章就讲出了沟通的核心要义——沟通可不仅仅是语言的交流，更是心与心的对话，是情感的交融与理解的深化。能精准地抓住沟通的核心，源于艺丹老师是家庭教育理论的实践者，她从千万家庭的案例中提炼出沟通的精髓，用一个个生动的实例告诉我们：高质量的家庭生活，往往源于和谐的家庭关系，有了和谐的家庭关系，沟通的方法、技巧就有了发挥的基础。

一线家庭教育工作十分具体，要切切实实地深入一个个家庭的生活中去，了解他们的困难，给出具体的指导意见，这并不容易，没有热情是无法在这个行业深耕的。艺丹老师热情又有能量，精力充沛又喜助人，这就是有“家庭教育属性”的老师，中国的家庭教育事业需要这样的老师。

《有效沟通》就是艺丹老师深耕家庭教育的见证。书中提出的有效沟通“八部曲”、与不同年龄段的孩子如何沟通、不同家庭状况下的沟通方法，甚至还细化到示范具体问题下不良沟通和正确沟通的区别。如果没有长期的一线实践经验，这是不可能清楚的。

家庭生活细碎而具体，很多家庭生活中的难题实际上就是鸡毛蒜皮的事累积起来的。“有效沟通”的提出，提醒读者很多沟通是无效的，沟通多不等于质量高，孩子不听话可能是我们没听懂他们心里的话，沟通不限于言语，眼神交流和身体语言同样重要。《有效沟通》是一本集理论性、实践性、指导性于一体的家庭教育佳作。我相信只要读者用心阅读书中的内容，理解沟通的核心，再好好运用书中具体的沟通策略与建议，就一定能更好地与家人建立心与心的连接，在家庭生活享受到更愉悦和美好的关系，更有效地支持和引领孩子的成长，奔赴喜悦与幸福。

林青贤
著名教育专家
2024 年 9 月

推荐序二

初识郎艺丹老师，是在今年我受邀去沈阳的一次演讲集会中。郎老师的谦和与好学给我留下了非常深刻的印象。我后来也参加了很多次郎老师的讲座，受益匪浅。郎老师要出新书了，希望我能写个序言，倍感荣幸。

家庭无疑是每个人一生中最重要的生活舞台。在这里，我们迈出了行走的第一步，说出了第一个模糊的词汇；在这里，我们经历了无数次情感的碰撞与融合。家庭教育，是塑造个体灵魂的基础工程，其重要性不言而喻。在这场漫长而细腻的教育旅程中，有效沟通是一把钥匙，它能开启理解之门，让秩序、爱与智慧在家庭的每一个角落流淌。

“沟通”二字看似简单，实则蕴含深意。它不仅仅是声音的传递，更是心灵的触碰，是情感的共鸣，更是思想的交汇。在家庭教育的语境下，有效沟通意味着父母与孩子之间能够建立起一座桥梁，让双方能够在有序、尊重的基础上，分享彼此的想法、感受和需求，共同解决问题，促进成长。

然而，实现这一目标并非易事。代际间的差异、生活节奏的加快以及社会压力的增大，都可能成为阻碍有效沟通的绊脚石。有时，我们发现自己与孩子之间仿佛隔着一面看不见的墙，对彼此的理解与关爱似乎难以穿透这堵墙。这时，学习和实践有效沟通的策略就显得尤为重要了。

通读本书稿，能让我们知道家庭教育中有效沟通的重要性，也能让我们知道亲子在各种场景下有效沟通的技巧和方法。这无疑是一本能够促进家庭和谐，从而帮助家长与孩子有效沟通的好书。

在和孩子的有效沟通中，家长一定要意识到自己是家庭家政、经济和文化的主要建设者和引领者。家长不能够将自己矮化为一个家政服务人员或保姆。家长有责任构建和落实家庭秩序，在有秩序的前提下完成更有效的沟通。家长的重要性体现在多个方面：

家长是孩子的第一任教育者

孩子的性格、习惯、品德是在家庭环境中形成的，家长的言行举止对孩子有着深远的影响。通过与孩子的有效沟通，家长可以引导孩子树立正确的价值观，培养良好的行为习惯。

家长是孩子的情感支持者

有效的沟通可以帮助家长更好地理解孩子的需求和情感状态，为孩子提供情感上的支持和安慰。这有助于增强孩子的安全感，促进他们自尊心和自信心的发展。

家长是孩子的成长引领者

通过与孩子的有效沟通，家长可以了解孩子的想法和困惑，为他们提供指导和帮助。这有助于孩子更好地应对成长过程中的挑战和问题。

本书旨在成为家庭教育中有效沟通的指南，帮助父母和孩子学会如何倾听对方的声音，如何表达自己的情感，如何在冲突中寻找共识，以及如何在日常互动中培养亲密与信任。我们相信，通过书中的实用建议、生动案例和深刻见解，每一个家庭都能找到适合自己的有效沟通之道，让爱与智慧在家庭的土壤中生根发芽，绽放出绚烂的花朵。

让我们一起踏上这段探索之旅，不仅为了孩子的健康成长，也为了我们自身作为父母的成长，更为了构建一个充满理解、尊重与爱的家庭环境。因为，最终我们会发现，有效沟通不仅是家庭教育的基石，更是连接心与心，让生命之树茁壮成长的阳光雨露。

王自超
国际儒学联合会教育传播普及委员会委员
2024 年 8 月

推荐序三

沟通原指开河以使两水相通，后泛指两方相通连，也指疏通彼此意见。

当时间转到 2024 年，电话、社交软件、视频通话等各项技术让沟通具备了超越时空的能力，多元化的沟通方式也让我们有了更多的选择，享受到更多的便捷，但这些真的让沟通变简单了吗？

无论时代如何变迁，沟通的方式和手段有何种变化，不变的是我们想要把内心的需求说给对方听，是要消除交往中的误解与嫌隙，是要让对方轻松地领悟到我们复杂的爱意，让原本亲密的关系更为紧密，沟通的核心实际上就是心与心的连接。沟通中传输的信息像热能一样，在传输过程中会伴随介质消耗一部分，学会有效沟通的目的在于把我们想说的话能让对方从听到三五成变成听懂八九分。

对于家庭来讲，亲子沟通更显得意义重大：敏感期的孩子如何回应与连接，青春期的孩子如何引领和推动……这对于成长中的孩子来讲至关重要，可谓失之毫厘，谬以千里。

艺丹老师的《有效沟通》一书推出，真可谓正当时，我欣然写序推荐。艺丹老师曾经是传道授业的师者、统筹教学的管理者，如今更是家庭教育的传播者。她身体力行，在全国奔走，传递家庭教育的智慧，从沙龙的推广到专业课的讲解，再到家文化工作坊的推广普及，从多年的工作实践中总结出了有效沟通“八部曲”。根据不同年龄孩子的特点，她提出有针对性的沟通技巧，而如何把这些沟通技巧运用到生活中，也在这本书里得到了趣味性的呈现。

她从千万家庭的案例中发现不同家庭沟通的学问也不同，因此书中还进行了细致分类：独生子女与多宝家庭的沟通方式有何区别、重组家庭与单亲家庭应该如何沟通更能让孩子茁壮成长等。无论你的孩子多大，无论你的家庭是由多少家庭成员组成的，都能在这本书里得到启发。我想这对于每个家庭来讲恰似指路明灯，对于为人父母者更是进行亲子沟通的有效教参。

我常说父母是孩子最好的催眠师，催眠显然也是一种沟通方式，而这种沟通方式的前提是孩子对父母全然的信任。让孩子感受到你的爱与包容，他才会对你有全然的信任，这样双向奔赴建立起的有效沟通才会让教育变得更简单！

德国哲学家尼采说："所谓高贵灵魂，就是对自己心存敬畏之心。"那么就让每一位为人父母者都来认真研读《有效沟通》，掌握沟通方法和技巧，让善于沟通的父母成为孩子成长的引领者和推动者，让家庭更和美，让社会更和谐。

有效沟通，照见未来。

李胜杰
著名心灵导师
2024 年 8 月

自　序

随着《有效沟通》的完稿，一种踏踏实实的喜悦与自豪油然而生，不只因为这是我的第一本书，还因为我过往二十余年的从教经历与管理经验在字里行间都被见证。

大学毕业之后我的第一份工作是英语教师，按照同样的教研重点来教学，我的学生成绩总是更高，后来做教学管理，负责指导老师们备课，再后来当校长管理整个校区的事务，所辖学校的学生们在校区内的成绩依旧独占鳌头。在当时，很多同行都来问我用的什么教学秘诀，想要取经。

其实我的秘诀只有一条：把沟通放在比输出知识更重要的位置。我在做英语老师时，在课堂上最先开展的不是知识抢答，而是通过与孩子沟通建立起情感连接；在课外跟家长交流的永远不是孩子课堂测验的分数，而是在热络的联系中教会他们教育的方法，促进家校合力；在做教学管理之后解答老师们的疑惑，解开他们的忧虑，使他们以更好的状态投入教学，一段时间后就效果明显、成绩斐然。

懂得是一切关系的前提，正所谓先处理心情，再处理事情。如果把职场比喻成汪洋大海，那工作能力就像一艘大船，有效的沟通则是助我乘风破浪的帆。我能得到这些成果，是因为工作中的我注重沟通，善于让每一次对话变成有效沟通。

2015 年我开始学习家庭教育，教育专家林青贤在研究家庭教育的过程中，用十年的时间走访名门望族，发现了境教、身教、言教对一个人的影响。林老师说到：“境教是教育的前端，先做好境教、身教，最后才是言教。”林老师说言教是教育的末端，但在家庭教育中依旧是非常重要、不可或缺的。古人说：“口能吐玫瑰，也能吐蒺藜。”常言道：恶语伤人心，良言利于行。口乃心之门户，一个人的谈吐是自己心的门窗，说什么样的话就能让人感受到你是什么样的发心，往来间回馈给对方的感受又造就了双方之间的关系。在之后的工作中，我更加认识到了沟通的重要性。

投身于家庭教育事业后，我以一位亲子导师的身份讲家庭教育公益课，到后来成为主题课导师，至今已经完成了上千场的公益课、200 多场父母专业课、100 多场父母教练课和几十场家文化工作坊，接触了各个地方以及各个年龄段的家长，从形形色色的问题种类中发现 80% 的亲子关系问题都源于缺乏有效沟通。通过跟家长的深度交流，我看到了更多触目惊心的案例，不禁感慨孩子不容易，家长更是太难了。亲子沟通的障碍不仅影响家庭的正常生活，还直接影响孩子的身心健康，不会沟通和无效沟通让关系越来越冷淡和疏离，最后导致关系破裂，酿成恶果，可谓是失之毫厘，谬以千里。

高质量的家庭教育源于和谐的亲子关系，而和谐的亲子关系又离不开有效沟通，看来有效沟通是家和万事兴的第一步。先建立心的联结，再辅以沟通技巧，如此才会有爱的流转，才能达到有效的沟通。所以，我迫切地想要结合自己这么多年的工作经历和讲课实践，认真总结形成行之有效的方法，并将其变成文字助力更多的朋友，让更多的家庭关系和谐、和美、充满爱，这就是我写这本书的发心，也是快速完成的动力。

《有效沟通》以亲子关系作为重要板块，从多年家庭教育咨询中提炼出“无效沟通”的原因，帮助你更好地了解为什么孩子听不进去你的话、在日常沟通中我们存在哪些误区，找到沟通出现问题的根源。由此我总结出有效沟通“八部曲”，比如有效倾听、共情沟通法、非语言沟通等，让说话变得有效果；同时，根据孩子年龄阶段的不同性格，我细分了与他们沟通的不同方法与注意事项，帮助你更好地去了解孩子的行为动机。当孩子感受到了你的理解与爱，构建良好的亲子关系就变得不再困难。书中还用漫画具象还原了生活化的对话场景，并进行了有效沟通与无效沟通的效果呈现。希望你读到的时候，把它当作一块镜子或者是一个想象的空间，观照自己的过往，同时也去畅想未来孩子在你眼中“状况百出”的时候，你会如何平静应对，拉近你和他心与心的距离。而不同的家庭环境下会出现哪些对话语境、有什么沟通技巧？这些问题的答案也在这本书里等你慢慢发掘。

国人注重教育，亲子沟通是家长关注的重点，但两性之间、朋友同事之间，甚至是刚见面的陌生人之间，同样需要有效的沟通。书中关于沟通的底层逻辑和具体方法，适用于不同类型的人际关系。我希望你能从这本书的有限容量里，汲取到有效的沟通方法，并用其灌溉出关系里无限的爱与幸福！

无论时代如何变迁，沟通都将是大家和小家永远唱响的主旋律，我更期待我的《有效沟通》成为一首小夜曲，时时在你家响起……

郎艺丹
2024 年 8 月

目录

第三章　不同年龄段　不同沟通方式　/ 069

第四章　不同生活场景的亲子沟通技巧　/ 097

第一章

无效沟通从何而来

无效的沟通只会在亲子之间筑起高墙，
让彼此的心灵渐行渐远。

第一节 “误”从口出

沟通并不总是“一点就通”的，
我们都误解了沟通的真正含义。

“下班回家后两夫妻本来相处得很融洽，却因为一个话题产生争执和矛盾。”

“和伴侣相处时，面对对方的倾诉，原本是想表达出自己的关心，对方却把自己的话语当成埋怨，久而久之开始相顾无言。”

“面对孩子倾诉在学校遇到的不顺时，想要给他一些安慰，但帮助他脱困的想法却被他误解成是对他的责怪。”

在我们的日常生活中，沟通是不可或缺的一部分。无论是与家人、朋友、同事还是孩子交流，沟通都是建立关系、解决问题、增进理解的桥梁。然而，正如许多人所经历的那样，沟通并不总会如我们所愿那般顺畅。我们常常发现自己与对方明明是在交流，但结果却是产生误解和隔阂。

在家庭教育中，许多家长都会困惑："为什么孩子总是听不进我的话？孩子经常说我们根本不懂他？"亲子沟通仿佛已经成为育儿过程中的大难题。这种困惑不仅让家长感到挫败，更让亲子关系蒙上了一层阴影。其实只是我们还没学会正确的沟通方法。很多家长的不恰当表达，让孩子无法理解父母的本意，误解就在这样的"沟通"中一点点滋生。

我也曾在生活中因为和家人、朋友沟通不畅而苦恼，后来我慢慢分析，发现沟通并不总是"一点就通"的。在大多数人的观念中，我与你有"说"的过程，我们就会有"心意相通"的结果。但这只是一种理想化的交流。在这种交流中，双方都只是基于自己的立场，用自己的逻辑去表达，以为做到了沟通，实际上建构的有可能是误解。所以，沟通并不是简单的"说"与"听"的过程，而是需要双方都能够站在对方的立场上，用心去倾听对方的需求。但很多时候，我们却陷入了自己的逻辑和立场中，只顾着表达自己的观点，而忽略了对方的感受。这种单向的沟通方式，往往会导致很多的误解和冲突，"误"从口出就是这样产生的。

例如，当父母跟孩子说“要好好学习”时，他们可能是在表达对孩子的期望和关心，然而孩子听到的都是父母的责备和命令；再比如，父母在跟孩子说了一堆大道理，孩子听不进去的时候，很多父母就会不自觉地觉得孩子叛逆了，无法沟通。而这样的沟通模式很难让孩子产生积极的学习动力。所以，我们在与他人交流时，如果只是按照自己的逻辑和立场去表达，既会忽略对方的感受和需求，也很难达到真正的沟通效果。

我们时常会陷入词不达意的困境里，想不明白为什么在沟通中对方会无法接收到自己想要表达的。“谨言慎行”“祸从口出”“言多必失”等一系列古人的智慧与处世哲学，好像都是在告诉我们要少说少错，不说不错。其实，如果要真正摆脱“误”从口出的困境，依靠的从不是避而不谈，而是掌握有效沟通的方法，学会建立一段良性的沟通对话，一段能够让人愿意把话听进去、也愿意说出来的对话。

为了避免这种误解和隔阂的产生，我们需要学会有效的沟通方法。在开始沟通之前，我们先要学会倾听。倾听不仅仅是听到对方说的话，更是要理解对方的感受和需求。只有真正理解了对方的立场和感受，我们才能更好地表达自己的观点和建议。

更重要的是，我们要学会表达。表达不仅仅是说出自己的想法和感受，更是要用一种对方能够理解和接受的方式去表达。我们要注意自己的语气、语调和用词，避免使用攻击性的语言或让对方感到不舒服的表达方式。

在学会表达的基础上，我们还要学会建立良性的沟通对话。良性的沟通对话需要双方都能够尊重对方的立场和感受，愿意听取对方的意见和建议，并共同寻找解决问题的办法。只有这样，我们才能真正实现沟通的目的，增进彼此的理解和信任。

总之，沟通是一门艺术，需要我们用心去学习和实践。只有当我们掌握了有效的沟通方法，学会建立良性的沟通对话时，我们才能在生活中避免误解和隔阂的产生，让沟通变得更加顺畅和愉快。

第二节 家长"不懂心" 孩子"不懂事"

让生活中的每个小插曲
成为亲子沟通的契机。

孩子到了青春期就一定会叛逆，这似乎变成了一个不成文的规律。然而，事实并非如此。在我主持的一场家文化工作坊中，一位父亲讲述的经历深刻地揭示了这一问题的关键。

他的儿子已经一年半不上学了，源头不过是在学校跟老师和同学发生了冲突。老师把爸爸请到了学校，跟他描述了事情的经过，爸爸听完老师的反馈，直接就去批评孩子，固执地认为所有问题都在孩子，而不是先去倾听孩子的解释，向孩子了解事情发生的原因。这种缺乏理解的沟通方式，不仅未能解决问题，反而加剧了家庭矛盾，导致孩子的学业受挫，性格也变得易怒和孤僻。

自此之后，孩子的成绩每况愈下，曾经名列前茅的他，升学考试的成绩却远远没有达到预期，只上了一个普普通通的中学。并且他遇到事情就发脾气，冲撞父母、顶撞老师，跟同学的关系也非常糟糕，最后情况严重到根本无法在这个学校继续上学，孩子就要求父母给他转学。而爸爸又对孩子进行说教，告诉孩子转学多么不容易、批评孩子不懂事等，而这显然没有效果，孩子说："如果不转学，我就不上学了。"无奈之下，父母只好给孩子重新转学，但是在新的学校依旧问题连连，到最后发展成前面提到的休学在家的结果。

如果父母不理解孩子，听不到孩子的心理需要，孩子的内心该是多么的难过。当家长不懂孩子的心，只关注事情本身，而忽略孩子的情感需求时，孩子往往会以叛逆的方式来捍卫自己的权利。大人眼中的不懂事、不可理喻，其实是孩子内心无助和失落的反映。显然，这位爸爸忽视了孩子的心情，只看到了孩子的问题，只想控制事情的发展态势，并没有站在孩子的角度看待问题。如果这位爸爸在回家之后，能够认真地倾听孩子讲述矛盾的起因，去了解孩子心里感受到的委屈，去共情孩子的心情，给予他全然的爱和接纳，等孩子情绪平复了，再去探讨面对冲突的方法，这个小插曲反倒会成为拉近亲子关系的契机，而非击垮孩子的一块巨石。

教育专家林青贤老师在《幸福，从接纳开始》一书中提到："关注心情是为了爱，关注事情是为了控制。"这句话深刻地揭示了亲子沟通中的关键。在亲子沟通中，家长不懂孩子的心理，孩子在接下来的发展中很容易变得越来越"不懂事"，所以很多家长才会觉得孩子大了之后越来越难沟通了。是不是青春期一定会有"叛逆"阶段？其实并非如此。很多时候，矛盾的发生是因为我们没有真正去了解孩子，也没有去理解孩子的需求和感受，而只是用我们自己的标准去衡量他们。要想化解这些矛盾，就需要我们给孩子足够的时间和空间去表达自己的想法和感受，同时也需要我们学会用一种"有效"的沟通方式去跟孩子产生联结。

而这个"有效"，就是我们要与孩子联结心灵。学会俯身观察孩子眼里的世界，去理解他们的思维和逻辑，换位思考，多一份理解，多一份包容，多一份允许，多一份接纳，多一份认同，多一份思考。林青贤老师常说，水要先填平低洼才能继续向前流动。父母要做的事，首先是去"填平"孩子心灵的低洼，有了父母的爱和接纳、理解和包容，孩子的生活、学习、健康就会顺其自然地向好。

父母只要愿意打破原有的思维定势，全然地倾听孩子的心声，就能建立起良好的亲子关系，让孩子在成长的道路上感受到父母的爱与支持。

第三节　情绪化沟通——亲子沟通的屏障

沟通中，70% 是情绪，30% 是内容。

沟通中，70% 是情绪，30% 是内容。情绪所占的比重往往大于内容，情绪不对，内容就很容易被扭曲，就会失去其原本的价值。因此，沟通中如果不能输出与内容对应的情绪，说得再多也可能白搭。

父母的情绪模式往往直接决定孩子教育的成败，同时父母情绪管理的好坏，也决定了孩子在家庭生活中的幸福指数。情绪化的沟通，往往是亲子关系中一道长存的屏障，它不光让亲子之间需要通过对话传递的信息绕了远路，同样也阻隔了亲子之间感情的双向流动。

在繁忙和复杂的日常生活中，家长们可能会发现，面对孩子同样的行为，自己的反应往往因心情而异。比如，孩子面对一道熟悉的数学题却一直做不对，当家长心情好时，可能会耐心引导，用鼓励的方式帮助孩子找到答案；然而，在心情不佳时，家长可能会情绪失控，责备孩子态度不端正，这种情绪化的反应，不仅没办法解决问题，还可能让孩子感到沮丧和无助。

许多家长在面对孩子不恰当的行为时，容易将负面情绪发泄在孩子身上。然而，这些行为往往只是家长情绪爆发的导火索，而非真正的原因。一个正在发怒的人，就像一瓶被猛烈摇晃后立刻打开的香槟酒，酒液会四溅而出，造成一片狼藉。这种情绪化的沟通方式，不仅会影响亲子关系，让家庭氛围变得紧张，还可能对孩子的性格、行为模式、社交方式产生深远影响。

在长期情绪化的沟通模式之下，有的孩子可能会变得胆小怯懦，不敢表达真实想法；有的孩子可能会采取暴力反抗的方式，与父母产生冲突；还有的孩子可能会形成讨好型人格，通过撒谎来避免冲突。

为了改善这种局面，家长需要学会管理自己的情绪。在孩子犯错时，父母应该学会在批评孩子之前多停留一秒，先觉察

自己的情绪，“让子弹飞一会儿”，看看“孩子犯错”这件事，在我们的心里到底发生了什么，有时候未必是“孩子犯错”这件事让我们恼怒，也许只是它触发了潜藏在我们身体里的某个印痕。等自己的情绪稍稍平复后，再从孩子的实际情况出发，指出问题的本质，并寻求解决之道，而不是在情绪的驱使下对孩子做出评判，特别是负向的评判。恶语相向不仅会挫伤孩子的自尊心，还可能让亲子关系陷入紧张状态。因此，家长应该多多练习情绪的觉察，在问题发生时，保持冷静和理性，在孩子面前树立良好的榜样。

情绪化沟通在孩子身上则更是常有的事。尤其当孩子进入青春期后，可能经常会表现出叛逆和易怒，大部分家长常常为此懊恼，想要及时遏制。但其实这个时候，反倒是我们捕捉孩子情感需求的时机。当我们耐心地允许孩子把情绪释放出来，也就更能洞察浮沫之下孩子真正需要的是什么。在这时家长更应该关注与孩子的沟通方式，通过倾听来理解孩子的想法和需求，建立起一种平等和尊重的沟通关系。同时，家长也需要认识到自己在孩子面前的言行举止对孩子的影响。通过调整自己的沟通方式，让孩子感受到父母的爱和支持。

良好的情绪管理对于家庭教育至关重要。好的情绪可以成为一个人做事成功的资本，而坏的情绪则会成为其做事成功的成本。在家庭教育中，家长需要管理好自己的情绪，经营好与孩子的情感关系。这样才能让孩子在温馨和谐的环境中健康成长，为孩子构建健康的性格和人格打下坚实的基础。而在家庭环境中，要允许孩子释放情绪，帮助他们学会如何排解负面情绪，这会成为他们一生的助力。

第四节　从“误”到“悟”

让孩子听见我们的爱，
也让他们爱的声音传回我们的心里。

教育专家林青贤在他的《悟解》一书中深刻指出：“如果你没有足够的智慧，你看到的每一个人，仅代表对他的误解。”与孩子之间的沟通，实际上远比我们想象的更为具体和细致。

与孩子之间的交流，从来都不是单向的灌输或输出，而是双向的、互动的过程。这需要我们不仅要有足够的耐心去聆听孩子的声音，更需要有智慧去适应孩子的个性，用他们能理解的方式去表达我们的关爱和期望。有效的沟通能让爱在言语中双向流动，温暖彼此的心田；而无效的沟通只会在亲子之间筑起高墙，让彼此的心灵渐行渐远。

亲子关系，是家庭生活中最为重要的一部分。它需要我们用心去经营和维护。而在这个过程中，沟通的智慧则显得尤为重要。如果没有足够的智慧和方法，我们很难让孩子真正感受到我们的爱，也很难了解他们真正需要什么样的关爱。

在亲子沟通中，我们常常会陷入误区，认为只要双方开始说话，沟通就自然而然地发生了。可你需要了解的是，沟通并不只是在开口说话之时才开始，它在我们与对方碰面的时候就已经开始了。我们的肢体动作、面部表情、眼神交流等都在无声地传达着信息，这些非语言沟通方式同样重要，甚至可能影响到后续的沟通效果。

另外，我们也可能会陷入“沟通多就是有良好的沟通”的误区。其实，沟通的频率高并不代表沟通的质量高。特别是面对青春期的孩子，他们常常对父母表现为“别理我，让我一个人呆着”的状态。不少父母常常为了“沟通”而“沟通”，却换来孩子的不耐烦。我们可能只是在机械地重复着一些无意义的话语，而忽略了真正需要传达的信息。打个比方，孩子打球回来，满头大汗时，及时递上一杯凉白开，拍一拍他的肩膀，再加欣赏的眼神，孩子一定能感受到你的爱与欣赏。一次并没有语言交流的“有效沟通”就达成了，一次有效的沟通，能够抵过数百次无效的沟通。因此，我们应该注重沟通的质量而非数量。

还有一个常见的误区是“我说了话，你就应该听见”。然而，倾听永远是双向的，而不是对方应该听见你。在输出的同时，我们也应该给对方一个说话的机会和空间，让他们也能够表达自己的想法和感受。只有这样，我们才能建立起真正的双向沟通关系。

我们还需要认识到“只要磨练好沟通的技巧，就能让每次对话变成有效沟通”的想法是过于简单的。因为每次沟通都是独一无二的，对话的场景、参与的人都是不一样的。我们不能依赖模板化的沟通方式去应对所有的情况。只有真诚地对待每个人，用心感受对方，用他们能接受的方式进行沟通，才能取得真正的效果。

真正有效的沟通，需要我们从误区中走出来，悟出自己的说话之道。这需要我们不断学习、实践和总结，用智慧去经营亲子关系，让孩子听见我们的爱，也让他们爱的声音传回我们的心里。编写这本关于沟通的育儿魔法手册的目的，就是帮助家长们学会这样的智慧和方法，让亲子沟通变得更加顺畅和有效。

第二章

有效沟通八部曲

有效的沟通能让爱在言语中双向流动，
温暖彼此的心田。

第一节　有效倾听

倾听孩子的述说，
了解并补充他们所需的心理营养。

倾听是一种交往艺术，它所强调的是用心去听，甚至达到亲子间心与心的连结。我曾经看到过这么一段话：“倾听花开的声音，我们能读懂花儿的心思；倾听溪水的歌声，我们能读懂山林的呼吸；倾听孩子的心声，我们能走进孩子的心灵。”每一朵花里都蕴藏着一个不同的世界，每一个孩子的内心都描绘着不同的天堂。

倾听是教育的前提，是家长与儿童心灵沟通的桥梁。倾听有助于家长及时、全面地了解儿童，从而提高亲子沟通的效率和质量。有时候看到的、听到的未必是真实的，父母要学会倾听孩子内在的声音。

一次儿子放学回家拿了同学的铅笔，可能有些父母看到之后心里会马上上升到“偷窃”层面，开始对孩子进行责备与教育。但我看到之后，只是先询问他把铅笔拿回家的动机。他跟我说太喜欢这支铅笔了，我说：“很喜欢这支铅笔是吗？如果喜欢是可以跟妈妈商量的，妈妈会买给你，拿了同学的铅笔又没告诉他，同学可能会很着急，我们要送回去并道歉。”我们并没有因为这件事去责备他，我们看到了孩子的需要并沟通如何满足，再及时纠正错误行为。太小的孩子如果还没有建构好物权的概念，就凭内心的喜好拿了别人的东西，不代表这个孩子“学坏”了，这个时候认真地倾听孩子内在的声音，顺便给孩子讲讲物权的概念，这是多么好的教育时机呀！

有些孩子打架了都不愿意跟父母去诉说，是什么原因呢？其实，这是因为很多时候父母没有听到孩子内在有什么样的信念系统、有什么样的感受、有什么样的期待、有什么样的渴望。父母读懂孩子内在的过程，就是完整孩子人格的过程。因为完整孩子的人格需要父母提供完整的信息，完整的信息包含外在的信息和内在的信息。如果父母能拥有这种能力——听到孩子的一句话，或者看到他的眼神、看看他的样子，就知道孩子发生了什么以及其内心的渴望、最需要什么心理营养，就能实现更好的教育效果。

爱因斯坦妈妈："是小鸟飞得高还是海鸥飞得高？"

爱因斯坦说："妈妈，是小鸟飞得高。"

接着她又问："是小鸟能飞越大海还是海鸥能飞越大海？"

爱因斯坦："妈妈，是海鸥能飞越大海。"

爱因斯坦的妈妈接着又说："爱因斯坦，你知道吗？海鸥看起来都是慢慢的笨笨的，但是能够飞越大海的却是海鸥，你知道你是谁吗？——你就是那只海鸥，未来能够飞越人类大海的那个人就是你。"

我相信很多人都听过关于爱因斯坦的故事，他小时候讲话不是很清楚，同学嫌弃他又慢又笨都不跟他玩，就连老师也这么说。爱因斯坦回到家里跟妈妈说不想再去上学了，他的妈妈并没有指责爱因斯坦，而是把爱因斯坦带到大海边开解他。

从此以后爱因斯坦就坚信他就是那只海鸥，他就是能够飞越人类大海的那个人。正是因为爱因斯坦的妈妈成功读懂了他的内在，并给了爱因斯坦一个身份的导入，使爱因斯坦对人类未知事物产生了浓厚的兴趣，充分地开发了爱因斯坦探索未知事物的想象力和创造力，才成就了孩子的一生。

而我们对孩子说过什么话，孩子听完我们说的话，他又相信自己是谁呢？在这个过程中爱因斯坦的妈妈听到了孩子内在的渴望，给予了孩子新的信念；而爱因斯坦完成了自我的疗愈和自我的超越。倾听孩子的诉说，让他们尽情宣泄内心的抑郁之情，也是对孩子健康极为有益的一种心理平衡方式。

亲子沟通记录

1 最近与孩子之间发生了什么记忆深刻的事？

2 你与孩子是如何沟通的，记录下这段对话吧！

3 看完这节，你能从这件事中发现什么？

第二节　共情沟通法

先处理心情，再处理事情。
多给点时间，多给点空间。

共情是社会交往中的一个重要组成部分，同时也是教育过程中的一个重要因素。什么是共情？共情是理解他人特有的经历并做出相应回应的能力。共情意味着能够深入他人的感受，感同身受地理解他人的处境。这种能力使人们能够站在他人的角度思考，理解他人的需求和感受，从而在心理上与对方产生共鸣。

需要注意的是，共情不等于同情，共情是用对方的心灵去感受他的感受，是一种平等的视角。而同情意味着站在自己的角度，甚至有可能是带着优越感的，是一种俯视的姿态。共情不是比惨，而是把关注点放在对方身上去倾听。共情是以对方为中心，让对方感觉到被理解。共情不是说教，而是去觉察和接纳对方的情绪反应，当我们能觉察和接纳对方情绪，允许别人不够好时，自己也会在真实状态中得以自由。共情不等于建议，而是最大限度地理解对方的内心世界，把对方带入一个可以相互理解的亲近空间，愿意自由地分享所有想法以及感受，这样关系才会更加和谐。

运用共情首先要处理好自己的心情，才能更好地处理事情，很多时候我们没有处理好自己的情绪就去处理事情，继而又产生更多麻烦，甚至有些无法挽回的悲剧也由此产生。在生活中有多少父母以为在教育孩子，实际是在发泄情绪的？有多少人因为没有处理好自己的心情，而毁了自己的一生的？

现在青少年自杀的情况屡见不鲜，我曾经看过一个视频，其中有一个画面至今不能忘记。一个孩子，就因为爸爸不让他玩手机，与爸爸发生剧烈的争吵。爸爸说：“你再玩手机，我就把你的手机扔下去。”孩子说：“你把我的手机扔下去，我就跟着跳下去。”爸爸在愤怒下把手机从十楼扔了下去，没想到孩子也真的直接从十楼一跃而下，结束了自己年轻的生命。同样，很多父母没有管理好情绪就开始教育孩子，却没意识到这样会对孩子造成非常大的伤害。可能父母觉得完事了就过去了，事实并非这样，所有的负面情绪都会留有后遗症，会在孩子的潜意识中产生印痕。

在《微教育》这本书中看过一个案例：有个男孩很喜欢发脾气，但是每次发完脾气，他都觉得没什么事。有一天，妈妈告诉孩子，以后发一次脾气就在墙上钉一颗钉子。不久之后，满墙都是钉子。

妈妈让孩子看着那些钉子，告诉他每颗钉子都是他伤害过的人，现在如果他愿意，每次说一声对不起，就摘下一颗钉子。男孩这才发现自己做了那么多伤害别人的事情，带着忏悔拔下一颗颗钉子，每拔一颗，就说一声对不起。所有的钉子都被拔了下来，妈妈指着墙上的洞对儿子说："你刚才很了不起，敢于面对自己的错误，对每个人都说了对不起。但是，你看看，钉子虽然没有了，洞却留下来了。"

这个案例让我非常触动，所以，我们尽量不要乱发脾气，因为无论怎么道歉，还是会留下伤痕的。如果我们经常伤害孩子，无论我们怎么忏悔，都会留有印痕。所以，作为家长，我们要时刻觉察并管理好自己的情绪，然后再去教育孩子。

有的家长说：“我也想控制啊，就是控制不住，那怎么办呢？”告诉大家一个简单的方法，那就是多给点时间，多给点空间，处理好心情之后，再去处理事情。共情是一种能力，使人们能感受他人的情绪，理解他人的想法和行为，而这种能力是需要我们花大量的时间去习得的。

共情沟通四步曲

· 使用开放式问题

封闭式问题可能会带来一场权力斗争的游戏，因为回答者可能要琢磨的是反驳这个问题里面自带的答案，还是给出不同的答案。

假设你刚剪完头发。发型师递给你一面镜子，在你还没来得及照的时候就说：“这个发型是不是让您显得更漂亮？您不觉得这个发型跟您的脸型是绝配吗？”这些问题都是不需要回答的，默认的反应就是同意。就算你当时心里在想怎么花了钱还把自己弄得像是有割草机在头上开过一样，也可能会言不由衷地附和他的观点。

问开放式问题是在表达共情，因为这样能传达出对每个人独有的反应和期待回复的尊重。在你问出一个开放式问题的时候，你是想从他人那里了解到事实并进行沟通，而且你是真心对他的看法感兴趣。这相当于你先交出控制权，允许他人把你引领到他想要或者希望你去的地方，而不是你努力把谈话带到一个指定的方向上。封闭式问题就像是把他人关在门外。当我们能够把偏见和预判都放在一边，敞开大门迎接新的体验时，开放式问题就能帮我们看到无限的可能。

· 放缓谈话节奏

共情总是努力把节奏放缓，让情绪得以在深思后有所缓和，炽烈的情绪是无法让人表达出共情的。从这个意义上说，共情就像是可以通过缰绳来把马拉住的马嚼子一样。等情绪褪去时，共情就可以把马儿由一路狂奔降为稳步慢跑。当情绪由剧烈沸腾的状态降为文火慢炖时，共情就开始扩展开来。我们就能看到画面的全局，而不只是一个局限的焦点。帮他人把节奏放慢下来，对情绪进行远观，是你对他们表达共情的一个非常有用的方法。因为当共情起到降温和安抚的效果时，我们就能够重获平衡，可以对我们的想法和感受产生更准确的理解，也能更清楚地理解他人的行为。

· 不要匆忙地做出判断

共情的表达总是会特别尊重每个人，因为人人都有着会发生转变的天性。当古希腊哲学家赫拉克利特说“你不可能两次踏进同一条河”的时候，他也是在表达共情，意指“今天的你”已经跟“昨天的你”有所不同。我们能对他人造成的最大伤害之一就是认为他们的个性是固定不变的。这样的话，我们就把生命的河流看成是一个与其他水源都割断开来的浅水池，它便会逐渐变成一潭死水。

当我们跟另一个人说“你总是这种反应”“这就是我，永远也改变不了了”或“我能像看一本书一样看透你”的时候，我们其实是在往河水里扔障碍物，阻挡了共情的自由流淌。如果这样做，我们不仅否认了发生改变的可能性，还阻碍了个人的转变。每当一个人对另一个人说“我就知道你会这么做，我已经见过上千次了”或者“我都不需要问你在想什么，我比你自己还了解你”时，我们仿佛能在这些话语里看到一棵棵大树倾倒在共情之河中，阻挡了它的循环流动。

虽然根据过去可以很好地预测未来，但共情会提醒我们：真正的生活是流动的，人们一直都在适应环境，当环境发生改变时，人们都是能让步和弯腰的。如果认定我们的存在方式是一成不变的，我们的个性像石头一样固定，那我们相互之间的互动方式就是可以预测出来的，即完全是原有模式和固定回复的不断重复，鲜有可能去拓宽我们的视角、扩展我们的视野。由理论来驾驭，由标签所表征，由预判来掌控，如此受限定的世界，就像是一片干涸的河床，坚硬、干枯，远离其他水源和支流，这可与它原本强有力的样子大相径庭。

· 设定亲密关系的边界

在关系中，我们所面临的最重要的挑战之一就是要知道亲密关系的边界，简单地说，就是我可以从哪里开始，而你需要在哪里停止。如果我的边界和你的边界纠缠在一起了，那我就搞不清楚什么是属于我的，什么才是你的。在这种相互纠缠的局面中，共情肯定要受累了，因为共情需要客观性来维持它的平衡。

在关系中，我们需要保持住共情所产生的那个平衡，要明白对于我们所爱的人来说，我们自己的边界是从哪里开始，到哪里结束。那种平衡的状态会给予我们所需的洞察和理解，这样既能清晰坦诚地表达我们自己，又能尊重他人特有的需求、渴望、希望和梦想。在表达共情时，最重要的元素并不是我们说出来的言语，而是我们正在沟通的深层信息。这样我们才有机会拓展自己、拓宽我们的视角、延展我们与生活本身的连接。

通过审慎的行为和互动，共情能产生看不见的联结，把我们都拉在一起，因为共情产生的这种联结性，使这个世界本身变得不再那么让人害怕。归属感取代了孤独，陌生人不那么陌生，防御没那么必要，希望代替了无望，怀疑给信念让路，怨恨逐渐褪去。而我们的心，曾经因为恐惧和痛苦而关闭，现在则为可能的宽恕而敞开。

这就是共情的力量！

亲子沟通记录

1 最近与孩子之间发生了什么记忆深刻的事？

2 你与孩子是如何沟通的，记录下这段对话吧！

3 看完这节，你能从这件事中发现什么？

第三节　非语言沟通

会说话是一种智慧，
不说话是一种境界。

人际交流是一个复杂而多维的过程，它涉及语言、行为、表情、姿态等多种沟通方式，大致可划分为语言沟通和非语言沟通两大类。非语言沟通就是不用具体的语言进行信息的交流和沟通，而是用其他的方式，比如肢体动作、面部表情、语音语调、眼神接触等来传达。虽然没有语言对话，但是同样让信息得到了正确高效的传递，完成了有效的沟通。

沟通是日常交流、人际交往和社会互动的主要方式，让人与人之间的了解加深，感情加厚。而家庭作为社会的最小细胞，家庭成员之间尤其是亲子之间的沟通更是不可或缺且意义重大的，非语言沟通在亲子关系中就扮演着重要的角色。

孩子从出生开始到学会说话之前，大部分与父母的沟通就是依靠非语言沟通来完成的。这个时候他们的生理需求与精神需求都是用哭与笑来反映，幼儿的安全感也是在父母用身体语言与他们接触互动的过程中建立的。而在孩子之后的成长过程中，家长懂得用非语言沟通的力量引导孩子，帮助孩子掌握非语言沟通的技巧，是让孩子建立其他社会关系的关键要素。古人云，以身教者从，以言教者讼，足以见得非语言沟通的重要性。心理学研究表明人们在表达情感时，语言仅占 7%，38% 借助声音实现，55% 则通过身体语言来完成。

所以当父母懂得并善于用抚摸、拥抱、亲吻、微笑、眼神等非语言方式交流时，会让孩子在成长的路上变得更加卓越。

非语言沟通三能力

· 细致入微的观察能力

通过观察他人的身体语言、面部表情和声音，我们可以更好地理解他人的情感和意图，从而学会如何与他人和谐相处和合作，更好地把握局势和制定策略；孩子们通过观察，不仅能更加深入地理解周围的世界，还能增强对细节的关注，更好培养耐心和专注力，同时培养创造力。敏锐的观察力还能激发幼儿的好奇心和想象力。拥有细致入微的观察能力，不仅能够提高我们的认知能力，还能够帮助我们更好地处理事物，实现个人的价值。

· 惟妙惟肖的模仿能力

语言问题往往和模仿密切相关，模仿对方的肢体语言和面部表情，以增加彼此之间的理解和亲密度，提高语言表达能力，培养共情能力。人类模仿能力的生理基础是镜像神经元，这种神经元让人能够观察他人动作并模仿自己所看到的，在这个过程中，模仿者的大脑同时进行认知理解的功能，通过想象，将自己置换成他人的角度来理解所做的行为，同时揣测他人的心理。这也能够解释为什么人们看到其他人打哈欠时，自己也会被感染，而当别人大笑时，自己也会不由自主发出笑声，这些都和模仿能力有关。

· 清晰准确的表达能力

通过身体语言、面部表情和声音的准确传递，可以更清晰地表达自己的情绪和需求，从而与他人建立更明了直接的沟通模式，减少沟通中所产生的不必要的误解。拥有清晰准确的表达能力可以避免误解和歧义的产生，使沟通更加有效，在人际交往过程中也能更好地表达情感和需求，建立良好的人际关系。

教育专家林青贤曾说："说话是一种能力，会说话是一种智慧，不说话是一种境界。"这句话充分说明了沟通是有层次、有维度、有段位的，而且非语言在沟通中占据了举足轻重的地位，有时甚至比语言本身更加重要，是一种更为灵动的表达。在人际交往中，注意观察和理解他人的非语言信号，可以帮助我们更好地理解他人，实现有效沟通。

亲子沟通记录

1 最近与孩子之间发生了什么记忆深刻的事？

2 你与孩子是如何沟通的，记录下这段对话吧！

3 看完这节，你能从这件事中发现什么？

第四节　核对沟通法

关系由爱开始，由误解而结束。
加入核对，给关系一个机会。

核对在我们情感银行中是增加情感非常重要的步骤，心灵有心灵能听懂的话，头脑有头脑能听懂的话，心灵的话叫做感受，头脑的话往往关乎核对的信息是否被理解。理解什么呢？是在沟通中去理解对方的动机，核对他背后的爱，核对他的有限性。什么情况下对方就收到了爱呢？当他知道你是理解他的，知道你看到他背后好的动机了，他感受到很温暖，他知道你完全理解他，你完全看到了他的有限，你原谅他并且让他知道你的爱。

生活中我们经常玩“猜”的游戏，关系由爱开始，由误解而结束。这就是我们平常错误的沟通模式。

孩子被老师批评后回家一脸沮丧，正在做饭的妈妈热情地迎接，得到的却是孩子冷漠的回应。妈妈与孩子之间的气氛由于没有沟通开始变得紧张起来，妈妈会想：我尽职尽责地照顾你，为什么喊你都不应？孩子一眼看过去，妈妈在不开心地做饭，孩子会想：我上学被老师批评已经很不爽了，回家看见妈妈不开心还板着脸，真是烦死了，饭都不想吃！妈妈与孩子的关系就更加紧张，直到第二天孩子上学俩人都没有交流。

其实什么都没发生，但是好像什么都发生了。也许孩子只是不开心地回家，但是两个人内在产生了很多的声音，发生了那么多内在的故事。这种猜疑在生活中一直在发生，很多关系就是这样被破坏的。

我们平常的沟通模式和沟通的过程，就是我们听到什么、看到什么，内心就有解释，假设内心的解释是不好的，我们可能就会进入负面感受。当内在声音出来后，就会做出决定，这就是我们平常的沟通模式。这样下去两人之间的关系会不会变好呢？当然不会，我们已经对他有了认知，有了解释，有了投射，但是这只是我们的认知，不一定是真相。假如妈妈得到冷漠回应后，去核对一下孩子不回应的真实原因，表达出对孩子的理解，妈妈和孩子之间内在的声音就会不一样，关系也会是另一种更良性和健康的走向了。

曾经有多少人出现在我们生命中，由于爱建立了一段关系，却因误解而结束了。人生不应该是建立一段关系、失去一段关系，人生本来是很丰盛的，每一个机会都是为了创造更丰富的生活。加入核对，核对完后，我们的感受就变了，我们的行为就变了。加入核对，给关系一个机会。一个人学会直接表达，一生都会被奖励；一个人什么都藏在心里，让别人猜，一生都不开心。所以，有些人在表达的过程中，把他想要的都带回来了，真实是一种力量。

核对沟通三部曲

· 肯定对方的行为动机

你要相信每个人的动机都是对的，一个非什么不可的人，一定有非什么不可的信念系统。我们要给他机会表达他的动机，孩子打架一定有正面动机，给他机会表达，他可能会说："他先打我，我要保护我自己。"行为不一定对，但我们永远要信任孩子的动机。

· 当下做出的选择定是最优解

一个人会在有限的范围内，为自己做出最好的选择。在过去有限的范围里，我们认为自己是对的。当有限的范围拓展，我们的想法才会转变或调整，每个人都会在有限的范围里做出选择。连植物都一样，植物用什么花盆，就长多大，你看看盆栽一年就长这么多叶子，如果移植到地上，你不用管它，它会长得很多，因为它的有限范围被拓展，它生长的方式就变了。连植物都会在有限的范畴内活出最佳的自己，更何况是人呢？一个人在有限的范围内，一定会成为更适合的他。我们的人生也是这样，当我们通过学习，我们的有限范围被拓展了，我们看待自己、看待他人、看待世界的方式都变了，当然行为也就变了。

· 看见行为背后的爱

每个人的行为背后一定是爱，所有关系的发生都跟爱有关，我不一定接纳你的行为，但因为爱你，所以愿意接纳。

加入一个核对，核对完后，我们的感受就变了，我们的行为就变了。

加入核对，给关系一个机会！

亲子沟通记录

1 最近与孩子之间发生了什么记忆深刻的事？

2 你与孩子是如何沟通的，记录下这段对话吧！

3 看完这节，你能从这件事中发现什么？

第五节　兴趣沟通法

兴趣是孩子终生学习的原动力。

在孩子的成长过程中，培养兴趣具有极其重要的意义。当孩子对某件事情产生兴趣时，他们更有可能主动投入时间和精力去学习、去探索。孩子快乐学习的动力是兴趣，基于兴趣的学习会使大脑分泌“内啡肽”，它会让人处于一种极为放松、无压力的状态，并且想重复这种体验，如果孩子能体验到这种学习的乐趣，便能自动自发地学习。当孩子得到肯定或嘉许时，脑里又会分泌“多巴胺”，这是大脑奖励机制的主要元素，也就是动力的来源。

这种内在的学习动力，能够让孩子在面临困难和挑战时更加坚韧不拔，持续不断地向前进步。当孩子从小就养成了对学习的兴趣和热情时，他们更有可能将这种习惯延续到成年后。终身学习的习惯对于个人成长和职业发展都具有重要意义，可以帮助人们不断适应社会环境的变化，提升自我竞争力。当孩子对某个领域感兴趣时，他们更有可能产生新的想法和创意。这种创造力对于孩子的成长至关重要，可以帮助他们在未来面对复杂问题时提出独特且有效的解决方案。

家长可以更好地与孩子沟通他们的兴趣，增进彼此之间的了解和信任，促进孩子的全面发展。同时，家长也需要注意保持耐心和积极的心态，给予孩子足够的支持和鼓励。

兴趣沟通四步走

· 有效倾听与平等对话

耐心倾听孩子的兴趣和想法，尊重孩子的选择和兴趣，不要急于打断或给出建议，不要强加自己的喜好或期望。

· 引导性提问

陪伴孩子一起探索他们的兴趣，例如参加兴趣班、阅读相关书籍或观看纪录片。在探索过程中，积极提问和讨论，引导孩子深入思考。

· 分享共同经验

与孩子分享自己的兴趣和经历，让他们感受到共同的兴趣点。通过分享，增进彼此之间的了解和信任，促进沟通。

· 设定共同目标

与孩子一起设定与兴趣相关的目标，例如完成一项艺术作品、参加一次比赛等。在实现目标的过程中，互相支持和鼓励，增强亲子之间的凝聚力。

亲子沟通记录

1 最近与孩子之间发生了什么记忆深刻的事？

2 你与孩子是如何沟通的，记录下这段对话吧！

3 看完这节，你能从这件事中发现什么？

第六节　一致性沟通

一致性沟通的每一个步骤
都在给孩子做正向的心理暗示。

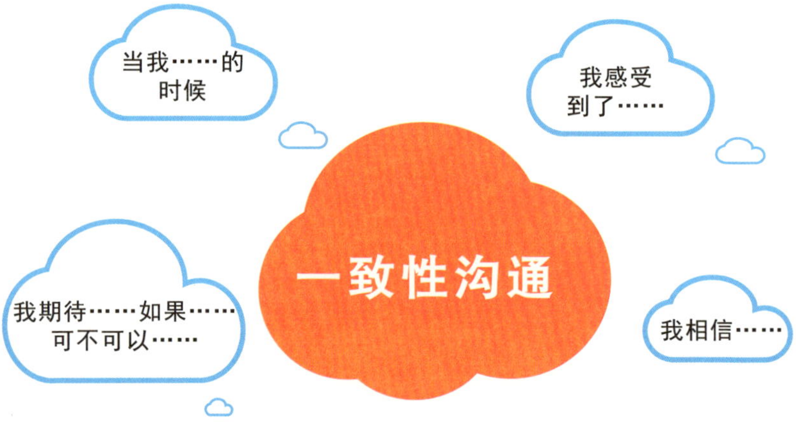

一致性沟通，可以用在处理任何人际关系中，包括亲子关系、夫妻关系或者其他人际关系。当我们学会了这种沟通方式，并且不断练习之后，我们会改善原本不良的人际关系，重新跟他人建立起积极、良好的关系。

在课堂上，有位妈妈哭着向我讲述了发生在她家里的故事："我的儿子去年被学校开除了，我好不容易给他换了个学校，他又不去学校读书。我专门为他请了一个补习老师，结果约好时间地点，他也不出现。最让我头疼的是，他还经常离家出走，短的时候一个星期，长的时候半个月，我们怎么都找不到他，真是着急死了！有时候，为了找他，我们夫妻俩要停下所有的工作，整个星期都在找他，好在现在终于找到了。孩子虽然现在在家里，但是我还是很担心，因为我不知道他下一次又想偷偷去哪里。"

我问："你们想不想让这个孩子再也不会离家出走？就算要出门，孩子也会跟你们汇报他的行踪？"

这位妈妈很激动地说："当然想了，老师，您教教我吧！"

要想改变这种情况，其实并不难，只要爸爸妈妈在见到孩子的时候，采用一致性的沟通方式。我建议这位妈妈学习结束后，晚上再见到孩子的时候，不要再指责孩子，而是拉着孩子的手，温和地看着孩子说："孩子，当妈妈在家没有见到你的时候，妈妈感觉到很不安。妈妈期待，如果你真的没有办法那么早回来的话，你可不可以给妈妈打个电话。如果你愿意的话，妈妈就会很安心了。"

当这位妈妈第二天来参加课程的时候，我明显感觉到她的脸色比第一天舒展了很多，眉心也不再紧紧皱在一起了。她面带微笑地走过来跟我分享："老师，昨天晚上我用一致性沟通跟孩子说话，孩子居然愿意跟我说心里话了。真是想不到，我们已经好久没有好好说话了。他还答应我，以后去哪都会跟我说。能够这样，我已经很满足了！"

这就是一致性沟通的奇迹，但是这个奇迹的发生不是偶然的。一致性沟通的每一个步骤都在给孩子做正向的心理暗示。在这个案例中，我教妈妈运用一致性沟通的四个步骤去跟孩子沟通。

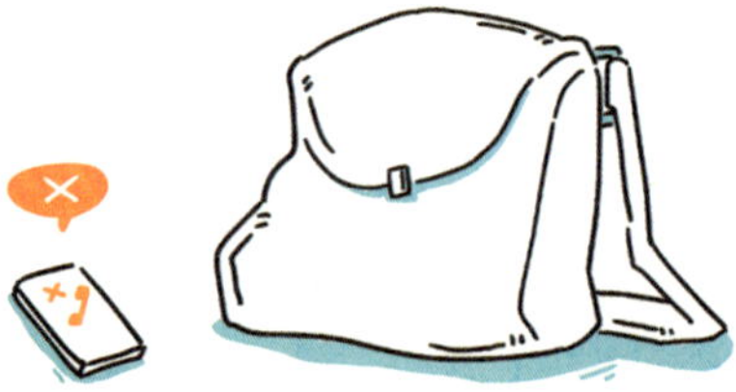

一致沟通四步走

· 当我……的时候

我们说话时，经常喜欢一开始就说“你怎么样”，这样说，对方的防御系统马上就会启动。后面你说再多的话，对方都很难吸收进去。而一致性沟通的第一句话，不是从“你”开始，而是从“我”开始。我们只需要用第一人称把自己经历或看到的事实陈述出来即可。

· 我感受到了……

在这个案例中，妈妈说：“我感觉到很不安。”妈妈这样说的时候，只是把她的真实感受告诉孩子，并没有指责孩子，这样说，就不会引发孩子的情绪。一致性沟通的第二步是描述自己的感受。

· 我期待……如果……可不可以……

在这一步，妈妈还是运用第一人称“我”为主语，并没有批评孩子。“妈妈期待，如果你真的没有办法那么早回来的话”，在这句话里加一个“如果”，这是给对方一些空间思考。“你可不可以给妈妈打个电话”，这是妈妈在向孩子发出邀请。这样的沟通是平等的，不会给孩子压迫感，孩子也更容易接受。一致性沟通的第三步是说出自己的期待并发出邀请。

· 我相信……

最后妈妈说一句："如果你愿意这么做的话，妈妈就会很安心了。"

这句话和第二句话是反着说的，第二句话说"不安心"，第四句话说"安心"，通过这种对比的方式，可以告诉孩子怎样的做法才是正确的。

沟通方式真的可以改变一个人！一致性沟通适用于任何的人际关系，它对关系的改善会产生立竿见影的效果，前提是你需要不断练习，改变自己以往的沟通模式。要改善亲子关系，让我们先从好好说话开始吧！

亲子沟通记录

1 最近与孩子之间发生了什么记忆深刻的事？

2 你与孩子是如何沟通的，记录下这段对话吧！

3 看完这节，你能从这件事中发现什么？

第七节　温和而坚定

爱子需深，教子需严，严而不厉。

提到培养孩子的规则意识，在我们家庭教育领域有一个很重要的“三事原则”，即“事前约定，事中提醒，事后总结”，这就是“爱与规则”的体现。这三句话蕴藏着深厚的心理学知识，温和的背后是爱和规则，背后是带有立场的，温和不代表放纵和妥协。我们教育孩子要做到“爱子需深，教子需严，严而不厉”，让孩子既能感受到父母的爱，又能够有良好的规则意识。

举个例子，很多孩子外出逛街、逛超市时喜欢买玩具，父母不给买就哭闹。针对这个问题我们怎样运用“三事原则”呢？“事前约定”，提前告知孩子外出的目的以及他的权限范围，这是规则意识；如果外出以后孩子看到喜欢的东西但超出了约定范围时，父母要做的就是“事中提醒”并且做到共情以及“温和而坚持”，一定要遵守“四不原则”：不打、不骂、不讲道理、不走开。蹲下来陪着他，让孩子看到你的表情，父母不出声看着他哭，陪伴他哭。你会发现孩子会闭着眼哭，通常会睁三次眼，第一次哭了半天，心里想“你为什么还不来抱我”，很愤怒，睁开眼看看，看你没反应加大力度继续哭；第二次他就乞求你了，心里想“哎哟我这哭了半天你怎么还不过来”；然后第三次睁眼，心里想“算了，今儿这表演没戏了，彻底没戏了”。你走开拿一块热毛巾给他擦脸，孩子心里想“爸爸妈妈还是爱我的”，这时你只需要说一句话“还哭吗，想哭还可以继续哭，爸爸妈妈陪着你”。这是爱与规则，爱与规则的重点是要做到温和而坚持。

孩子都是天生的心理学家，他们很会察言观色，只要你温和而坚持，孩子就知道哭闹是搞不定父母的，下次就不会再使用这一招来对付父母。同时一定要“事后总结”，嘉许孩子做到的部分，给予肯定、欣赏、赞美，对其没做到的部分也一定要再次重申，这就是一个完整的“爱与规则”的示范。

温和而坚定的两大能力

·不能力求快的能力，要修炼慢的能力

我们学会“牵着蜗牛去散步”，就学会了陪伴孩子的方法。教孩子是有一个过程的，比如说孩子成绩不好，将来还有没有前途？其实我们心里是知道的，哪怕现在成绩不好，将来也是有机会变得很好的，成功人士小时候学习成绩不见得都好，但是他们也是一样很成功，所以要慢慢地等待。

·不缺抓的能力，要有放的能力

放是一种能力！愿意放的人都是对自己有信心的人，而总想抓的人都是对自己没有信心的人。一个越是对自己有信心的人越容易给别人空间和自由，彼此关系也就会变好了。

亲子沟通记录

1 最近与孩子之间发生了什么记忆深刻的事？

2 你与孩子是如何沟通的，记录下这段对话吧！

3 看完这节，你能从这件事中发现什么？

牵着蜗牛去散步

上帝给我一个任务，

叫我牵一只蜗牛去散步。

我不能走太快，蜗牛已经尽力爬，

为何每次都是那么一点点？

我催它，我唬它，我责备它。

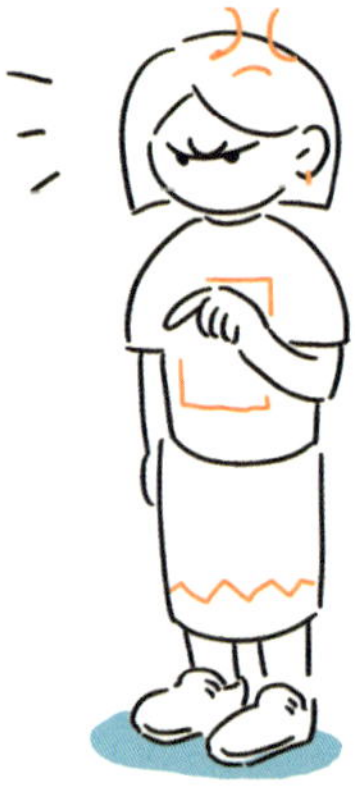

蜗牛用抱歉的眼光看着我，

仿佛说："人家已经尽力了嘛！"

我拉它，我扯它，甚至想踢它。

蜗牛受了伤，它流着汗，

喘着气，往前爬……

真奇怪，

为什么上帝叫我牵一只蜗牛去散步？

“上帝啊！为什么？”

天上一片安静。

“唉！也许上帝抓蜗牛去了！”

好吧！松手了！

反正上帝不管了，我还管什么？

让蜗牛往前爬，我在后面生闷气。

咦？我闻到花香，

原来这边还有个花园，

我感到微风，

原来夜里的微风这么温柔。

慢着！

我听到鸟叫，我听到虫鸣。

我看到满天的星斗多亮丽！

咦？我以前怎么没有这般细腻的体会？

我忽然想起来了，莫非我错了？

是上帝叫一只蜗牛牵我去散步。

教育孩子，

就像牵着一只蜗牛在散步。

和孩子一起，

走过他孩提时代和青春岁月。

虽然，

也有被气疯和失去耐心的时候，

然而，

孩子却在不知不觉中向我们展示了，

生命中最初最美好的一面。

孩子的眼光是率真的，

孩子的视角是独特的。

家长放慢脚步又何妨，

把自己主观的想法放在一边，

陪着孩子静静体味生活的滋味，

倾听孩子内心声音在俗世的回响，

给自己留一点时间，

从没完没了的生活里探出头，

这其中成就的，何止是孩子。

150
140
130

第三章

不同年龄段 不同沟通方式

要想和孩子建立良性的沟通，
就需要我们学会俯身观察孩子眼里的世界。

第一节　婴幼儿时期（0—3 岁）

0—3 岁的婴幼儿时期基本是以家庭为主的教育，与三岁以下的儿童互动交流时，父母需要注意婴幼儿独特的发展需求和能力。这个时期婴幼儿的大脑发育很快，他们不断地吸收新的信息，探索自己的环境。人是环境的产物，在此阶段父母创造积极的养育环境对婴幼儿的大脑发育有着至关重要的作用。在这样的环境中，婴幼儿经历了大脑的快速发育，他们的认知、情感和身体能力都会随之得到提升。

与婴幼儿时期高需求相反的情况是，他们的语言能力有限，这使他们很难有效地表达自己的想法和情绪。父母应该多运用非语言沟通的方法，与他们互动。并且用耐心和理解力，积极倾听孩子的非语言暗示，并为孩子提供一个安全的表达空间。

父母需要和孩子处在同一个频道上，也就是在思想、意识、行为上和孩子保持一致。有时候孩子的关注点和父母是不一样的，这个时候父母不需要强行让孩子跟上自己的步伐，而是应该去共情孩子的观点。比如孩子喜欢玩石头，很多父母却觉得花比较好看，非要孩子和花一起拍照，孩子就会不开心；如果父母可以共情一下孩子，让他玩石头，孩子就会很高兴。而在沟通交流方面也是同样的道理，父母需要和孩子处在同一个频道上面，这样才能更好地和孩子进行有效沟通，而且孩子将来也会更加愿意去和别人交流。

在这一时期我们应当借助非语言沟通的力量，去完成我们与孩子最初的情感关系的建立。

艺丹教你怎么做

· 身体语言

身体语言是一种强大的非语言沟通方式，父母可以通过身体语言向孩子传达信息。例如，当父母看到孩子做了一件好事时，适时的点头微笑或者点赞，都能恰到好处地表达出对孩子的肯定和赞扬，这种肢体语言可以让孩子感到被理解、被认可和被接纳，及时有效地赋予其价值感和安全感，从而增强了孩子的自信心和自尊心。

· 眼神交流

眼神交流是另一种有效的非语言沟通方式。父母可以通过眼神向孩子传达鼓励、支持和赞扬等信息。这种交流方式可以帮助孩子更好地理解父母的情感和意图，增强彼此之间的信任和理解。例如，当孩子感到难过或不安时，可能会皱眉或低头，而父母则可以通过观察孩子的眼神和面部表情来了解孩子的情绪状态，并采取相应的措施来安慰和支持孩子。恰到好处的共情是对孩子最大的理解和支持，绝对会起到事半功倍的作用。

· 触觉沟通

触觉也是非语言沟通的重要方式之一。父母可以通过轻轻拍打、抚摸和按摩等方式与孩子进行触觉交流。这些触觉体验可以帮助孩子感受到父母的关爱和支持，增强亲子之间的情感联系。

·声音和音乐

声音和音乐也是非语言沟通的重要方式。父母可以通过柔和的声音和音乐来安抚孩子，帮助他们放松和入睡。同时父母也可以通过唱歌、讲故事的方式与孩子进行互动，增强亲子之间的联系，这也是很多摇篮曲脍炙人口并能够传唱至今的原因。

·艺术和手工活动

艺术和手工活动是另一种非语言沟通方式。父母可以定期抽出一定的时间和孩子一起画画、制作手工等，这是一种高质量的亲子互动和陪伴，通过这些活动孩子可以体会到父母的爱和关注，收获到充足的心理营养。这些活动不仅增强了亲子之间的互动和联系，更能帮助孩子发展创造力和想象力。

第二节　学前期（3—6岁）

3—6岁是儿童塑造好性格的重要阶段，儿童的情感敏感期刚好在这个时期开始。这一时期的儿童会容易生出内疚感，因为他们的道德意识开始慢慢建立起来，但是这种道德意识通常是受父母影响较多，比如父母长期说这件事不好，孩子就有可能主观认为这件事是不好的，所以当他做了让父母不开心或是不满意、不接受的事情时，他就会有内疚感，这个时候家庭成员的陪伴就非常重要了。

每一个善良、有爱心、阳光的孩子都需要父母在平时的教育中传输是非观、规则意识，爱与规则并存，真正的爱不仅仅是对孩子的赞赏和回应，还要适当地让孩子面对拒绝和经历挫折。当孩子提出不合理的要求时，父母要舍得拒绝；同时在孩子犯错误时，也要温和坚定地指出，且适当地要求其承担责任；6 岁前是立规则的关键时期，要让孩子认识到世界是有边界和底线的，同时父母要用爱来滋润，帮助孩子建立起积极、阳光的性格雏形。

价值观会成为一个人做事情的方向和动力，那么孩子的价值观从哪里来呢？孩子的价值观是从父母的语言和行为吸收而来。不同的孩子有不同的价值观，这个时期父母要积极参与儿童的生活，给予孩子正确的价值引领。

比如，有一个爸爸回到家，他说："我今天很倒霉，我被老板炒鱿鱼了，我跟了他十几年没功劳也有苦劳，今天一句话不说就把我开除了，我怎么瞎了眼，跟了这么没良心的老板。"

孩子听到后学会了什么？抱怨，比抱怨更严重的是学会了被动的人生。当我们把力量交托给别人的时候，我们就失去了力量，就产生了很多抱怨和指责，孩子吸收了这样的价值观，他长大后就会有一些下意识的行为，当有事情发生的时候，他想都不用想就会冒出一句话：这事情是谁干的？他不会自己想解决办法，而是先把"那个人"找出来，因为所有不好的事情的发生一定是有人把自己害了，他觉得自己没有问题，如果有问题一定是别人的问题，这样就形成了被动的人生。

如果要培养孩子负责任的态度，爸爸就要有对一切负责任的姿态，负责任的爸爸应该怎么说呢？

被老板炒鱿鱼我有点难过和失望，不过想一想，这么多年来老板都对我挺好的，只是这两年老板的生意不太好，才要裁员。可能今天对我来讲是一个新的机会，其实这十几年来，我从老板身上学到很多，如果我把这十几年来跟老板学到的这些知识，用在未来的创造上，可能会更容易成功。如果我成功了，我更要好好感谢那么多年来这么用心待我的老板。

如果这么说，孩子学会了什么？感恩，比感恩更重要的是孩子学会了主导人生，他认为这个世界上所有的问题，自己都能够去承担和面对。所以当一个人觉得责任在自己的时候，就能够自我突破、不断进步、不断走高，而且当一个人负责任的时候，他就会充满力量，他还会发现自己充满影响力，因为影响力就是领导力，每个人都喜欢跟他交往，每一个人跟他交流完之后，都发现自己多了一个叫信心的东西，他就创造了影响力。一个主导人生的担当者很难不成为佼佼者。

所以，孩子会吸收爸爸妈妈的价值观，爸爸妈妈如何看待世界，孩子就如何看待世界，我们就如何看待世界影响孩子的价值观。

艺丹教你怎么做

· 在家的语言模式正面而积极，不要负面和抱怨

我们都知道孩子的说话方式是在家里形成的，父母在家的语言模式要正面积极，不要负面和抱怨。我们要通过说话建立孩子的一些品质。比如：想孩子拥有诚实的品质，父母就不要说"我最讨厌欺骗了"，要说"我喜欢你的诚实"。把一些负面词改为正面词，时间久了之后就会在孩子的心里留下印记。父母说"我不喜欢欺骗"，"欺骗"这个词可能在孩子的心里留下印记，当父母要改变孩子欺骗的习惯时，孩子就需要大量的自我控制力。如果父母告诉孩子的是"诚实"，那孩子天天听到"诚实"以后，就不需要自我控制力了，其潜意识里面就有诚实的品质，而不是欺骗的品质。举个简单例子，当你听到别人和你说：不要想小白兔，一定不要想小白兔，不要想小白兔长长的耳朵、红红的眼睛，请问你现在想到了什么？孩子经常听到的话会植入孩子的心灵。因此，要说正面的语言。

· 确认自己和孩子处于同一个平面，以免自己在俯瞰孩子

在交流过程中，尽量使自己和孩子处于同一个平面，以免自己在俯瞰孩子，给孩子造成压迫感。在沟通中，在保持情绪稳定的同时，尽量让孩子感觉到被尊重，和孩子处于平等位置，与孩子交谈时态度要温和，这样孩子才愿意表达自己的观点。

· 用孩子能接受的语速

与学龄前的孩子交谈时说话要慢，这是又一个重要的技巧。如果想让学龄前的孩子注意到我们所说的话，那么就要给孩子们足够的时间，以便他们能听清我们所说的话。

如果说话太快，学龄前的孩子很容易会感觉到厌倦，他们的思绪就会游离起来，自然就不知道大人说了什么了。

第三节　小学期（7—12岁）

7—12 岁的孩子主要是在小学阶段，各年级的学生会有不同的特点，小朋友上小学后就已经开始了全新的成长过程，我们家长要了解这个阶段孩子的心理变化，根据孩子的认知和特征进行有效的亲子沟通。在这期间，孩子会从一个懵懂的小孩逐渐蜕变成为一个能够独立思考、有思维能力的青少年，从而顺利地进入青春期。

各个年级的孩子都有什么认知特征和心理特征呢？

一年级 的孩子刚刚进入小学，既感到新鲜又有可能感到不习惯，甚至难以适应新的生活。这个阶段的孩子对什么都好奇，活泼好动，喜欢模仿，对老师特别信任，但集中注意力专心听讲是很多孩子难以做到的部分。由于儿童还处在发育阶段，身体上的小肌肉动作的协调性会比较差，所以练习写字的时候速度可能会比较慢，而且字迹可能也会不工整，这个时期孩子们不宜做强度太大或者持续时间太长的运动。

父母在沟通时主要是帮助孩子快速适应学校生活，培养学习习惯和引发学习兴趣，切记多用欣赏，少用批评。

二年级 是孩子形成自信的关键时期，但这个时期的孩子往往情绪不稳定、容易冲动，自控力也不是很强。这个阶段的孩子在逐步地适应小学生活，也会形成一定的行为习惯，学习习惯以及态度都会有一个转变。

由于这是一个定型时期，所以与孩子沟通时，家长要注意对其不良行为及时纠正，培养孩子的学习兴趣。同时家长要多鼓励和肯定孩子，随时注意孩子心态的变化及心理需求并给予关心和指导，在学习上要注重好的习惯的培养，夯实孩子的基础知识。

三年级 是孩子情感发生变化的转折时期，因为这个时期孩子的大脑正迅速发展，大脑神经的机能正在得到进一步的加强；语言的表达能力也有了一定的提高。有些孩子的情感可能会从外露、浅显不自觉地转向内控、深刻。他们在人际交往中的情绪控制能力是有限的，有时并不能很好地控制自己的情绪。

随着孩子年龄的增长、交往范围的扩大和认知能力的不断提高，孩子遇到的各种各样问题也会随之而来，孩子可能会产生一些不安的情绪。这个时期家长与孩子沟通时要用心并且有耐心，多看见孩子做得好的部分，给予及时的认可，进一步强化孩子的认知。

四年级 是儿童成长的一个关键时期，儿童的大脑发育正好处在功能逐渐完善的关键时期，也是从小学低年级向小学高年级的过渡期，同时也是对孩子的学习能力进行培养的最佳时期。这个时期孩子的生理和心理变化非常明显，所以是培养孩子的情绪控制能力、意志力和学习习惯的最佳时期；与此同时，孩子的逻辑思维能力也开始迅速地发展，他们在判断例如“好与坏”“正确与错误”“主要与次要”等一些概念时，尽管认知依然有些模糊，但已经能形成自己的初步认知了。这个阶段孩子学习的知识点在逐渐增多，而且难度也在加深，也是孩子在小学阶段的第一次分化。这个时期家长与孩子沟通时要及时帮助孩子发现问题，开发孩子解决问题的能力，帮助孩子树立学习的信心。

很大一部分孩子此时处于心理“动荡”的过渡时期，在这期间孩子可能会出现不听老师话的现象，这就需要家长对孩子进行正确的引导。家长可以引用名人传记去引导孩子树立目标和梦想，可以让孩子多读一些名人传记。

五年级 的孩子开始更加频繁地接触自然和社会，而且能够发现其中存在的问题，但是这个时期的孩子仍然缺少一些解决实际问题的能力。这个时期孩子的竞争意识在增强；他们更加关注学习成绩，同时对身边学习优秀的同学开始产生敬佩之情；他们的独立能力增强，而且自律和自控能力都在逐步增强；他们的身体发育进入高速发展时期，也称为第二发展期；他们的逻辑思维发展得很快，创造性思维能力也有很大的发展；他们很容易对新奇的事物表现出浓厚的兴趣。

根据孩子在这一阶段的特点，家长与孩子交流时，要鼓励孩子做事情要坚持，同时帮助孩子建立正向积极乐观的人生态度，增强自我意识，强化目标。同时，这个阶段的孩子已经进入小升初的储备期，家长要为孩子提供一些接触自然、社会的机会，促进孩子的全面发展。家长要培养孩子的学习兴趣，使他们保持主动学习的态度，主动乐观地去迎接更复杂的挑战。

六年级 这个阶段孩子已经开始进入青春期早期，青春期是少年迈向成年的过渡阶段。这个阶段孩子的自主意识逐渐增强，并且喜欢用批判的眼光看待身边的人、事、物，如果父母不经过孩子的同意，擅自替孩子做决定，孩子容易出现跟父母对抗的现象。这个时期他们的情绪也不是很稳定，而且比较敏感。因为抽象逻辑思维能力加强了，自我意识和接受教育的能力充分发展，孩子初步形成了个人独特的性格和个人的人生观，但是意志力仍然不够坚定，所以如果他们遇到困难和挫折的话，很容易感到灰心丧气。

家长跟孩子沟通交流的过程中要密切关注孩子的心理变化，不要只关注孩子的学科成绩，这个阶段父母带孩子读万卷书的同时，也要带孩子行万里路，增长孩子的见识。

艺丹教你怎么做

· 创造共同话题能让孩子跟你更亲密

了解孩子的兴趣爱好，父母跟孩子产生共同的话题，不要总是聊学习，多欣赏孩子的优点，包容孩子的不完美。

· 用正向暗示让孩子拥有内心力量

除了多给孩子肯定、鼓励和支持外，还需要帮助孩子改变内心对学习的感受，在孩子的学习里创造、增大或加入孩子在乎的价值，使孩子感受到学习的乐趣。激发孩子的兴趣，并且让孩子更容易得到在乎的价值。

· 共情孩子的想法，倾听他的声音

在小学阶段孩子的独立社交变多，无论是快乐还是烦恼都会增加，在孩子快乐的时候跟他一起分享，在孩子苦恼的时候听听他的声音，用共情去拉近你跟孩子的感情，当孩子“不听话”的时候先思考是否听懂他的声音。

· 创造一些户外共处的机会

借助外部环境的力量影响，引领孩子同走一段路，让路上的记忆成为他成长的财富。

第四节　初中期（12—15岁）

当我们的孩子开始进入到初中阶段后，无论是心理方面还是身体方面都会发生很大的变化，这个阶段我们作为家长更需要关注到孩子的变化，家长只有采用恰当的、具有针对性的沟通策略，才能帮助孩子更好地成长。

各个年级的孩子都有什么认知特征和心理特征呢？

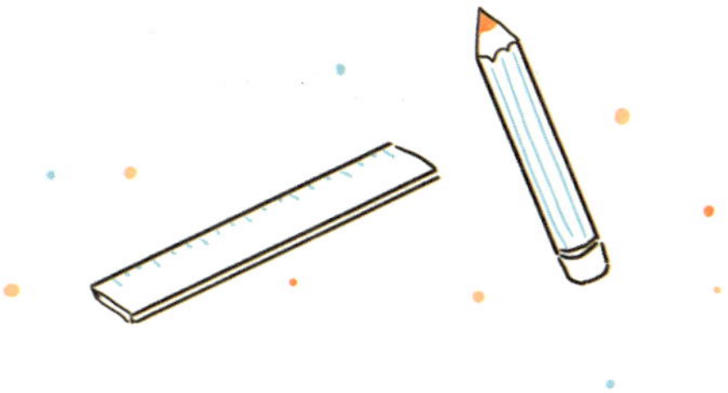

初一 是孩子进入青春期的开始，身体开始发育，孩子的身形会发生显著的变化，随之而来的是心理上也会有相应的变化，但是童年和少年两个阶段之间是逐渐过渡的。一方面孩子的自我意识逐渐增强，所以特别希望得到老师和同学的好评，孩子在学习和纪律方面都会认真努力，力争给老师和同学留下良好的印象，但同时也比较容易受到外界的影响，比如，顺利时容易骄傲自满，遇到挫折时容易失落自卑，而且还具有一定的从众心理。另一方面孩子会觉得自己已经开始长大了，不愿意让大人管，想要更多的独立空间，但是在学习和生活中遇到具体困难时，又希望能够得到大人的帮助。

这个阶段家长需要帮助孩子尽快适应新的学习生活，关注孩子对新环境的适应性。

初二 是青春期叛逆的高发期，孩子已经进入了青春期，无论是男生还是女生身体都发生了许多引人注目的变化，他们准备将自己塑造为一个成人，他们的思想和行为表现对家长来说，比以前的几个时期更难处理。

这个阶段的孩子独立性有了较大的发展，而且自尊心很强，表面上看起来好像什么都不在乎，实际上从众心理很重，很多孩子既想标新立异又担心脱离集体，有些孩子就出现了紧张、焦虑、自卑等不健康心理。由于心理发展与生理发展的不平衡，很多孩子有不同程度的情绪对抗的问题。

初三 这一阶段孩子的独立性获得较大发展，初三学生的“成人感”更加明显，自尊心大大增强，他们比初一、初二的学生更渴望得到尊重和理解。虽然学习能力有了很大提高，但是自觉能力还是不足的，有时不守常规，做一些刺激性的事件，轻易放弃、不愿尝试、甘心落后，更有甚者会出现报复的行为，故意做令家长伤心的事。

初三的学生面临最主要的任务就是中考。中考是综合能力的考察，初三既有新课的学习，又要进行系统的复习。这时候孩子经常抓不住重点、学习效果欠佳。家长需要帮助孩子做好学习和复习计划，有重点地进行突破，不放弃、不懈怠，这样孩子才能在中考中取得优异成绩。

艺丹教你怎么做

· 用共情话语帮助孩子适应环境

家长要主动询问孩子在学校的情况，或者在学校有没有遇到什么问题，家长要给予孩子及时的鼓励和支持；关心孩子的情绪变化，以及他的师生关系和同学关系是否融洽。

· 跟孩子的每一次对话都是平等的

家长要学会转变身份，以朋友的角色平等地和孩子进行交流。家长不能强迫孩子做他不愿意做的事，一定要尊重孩子的想法和意见，和孩子平等对话。

· 在对话里留给孩子主动权

家长需充分利用孩子这个阶段强烈的“自我意识”，培养和发展他们独立学习、独立生活的能力，同时为中考做准备，与孩子一起了解当下学习情况和状态，设定目标，协商方法。针对孩子自觉力不足的问题，家长要注意对孩子不断地鼓励，尽量避免批评，引导孩子参加正面且容易显示力量的活动，尤其是能够增加责任感的活动。

第五节　高中期（16—19岁）

我在课堂上遇到最多的问题就是高中家长怎么与孩子进行有效的沟通，这是当今很多家长都头痛的问题，高中阶段是孩子学习发展最重要的一个阶段，这个时期和孩子的亲子沟通以及亲子关系显得尤为重要。

心理学研究证明，孩子非常在乎父母是否全身心投入地关注他们的成长。父母除了行为上的无声关注以外，还需要注意言语上的沟通和表达，要让孩子知道父母对他的关心、关注、爱护和亲近。有些父母虽然与孩子常年在一起，却经常不跟孩子沟通；有些父母以忙为由，忽视亲子间的沟通交流。这些都是亲子关系淡漠的原因，对孩子和父母来说，青春期是一个艰难的时期。在这个发展阶段，记住花时间去培养关系是改善沟通的最好方法。

高中阶段的孩子已经彻底进入了青春期，心理已经上有了一定的变化，而且内心比较敏感，他们认为自己已经是成人了，有自己的想法，并且凡事都想按照自己的想法去做，同时也渴望得到别人的理解。

这就导致我们以为青春期的孩子难以捉摸，但孩子的世界其实很简单，他们要经历一个从心由“相”生①，到相由心生的过程。在这个过程中，他们所在的世界是什么样的存在，孩子未来就会显什么相，父母给孩子创造一个简单的世界，孩子就会活出一份简单的幸福，父母给孩子一个复杂的世界，孩子就会在复杂的世界里挣扎。

家长在和孩子沟通的时候，之所以容易情绪失控，就是因为家长的高标准、严要求、高期待创造了一个复杂的环境。虽然青春期孩子的人生观、价值观、世界观都需要完善，但同时他们也有自己的想法，这个想法有时候很简单。于是，复杂的环境和青春期孩子所表现出的独立意识之间，出现了冲突，如果家长无法解决，那么，我们是期待孩子简单一点，还是复杂一点呢？带着一颗澄澈的心，去看一个简单的世界吧。

注释：①心由“相”生，来源于林青贤所著《室外境教》一书，意思是指孩子的人格、心灵、价值观等由他成长的环境所建构。

艺丹教你怎么做

· 有效倾听

倾听是和孩子进行有效沟通的前提，如果父母不会或者不懂得倾听孩子的心声，也就不知道孩子究竟在想什么。如果我们作为父母连孩子在想什么都不知道，是没有办法进行有效沟通的。所以父母要主动倾听孩子的意识，要主动去了解孩子的快乐，甚至是委屈、不满等情况。孩子在说话的时候，父母要认真倾听，孩子感受到父母的关注，他们会更愿意表达自己内心的想法。

·做孩子的知心朋友

青春期孩子的心理已经在预演一个成年人的状态了，与孩子沟通时，要把他们当成朋友理解、尊重。有边界是沟通中的重要原则。不要总是以教训的口吻和孩子说话，否则孩子会非常反感，以后很难对父母敞开心扉。

·给孩子时间才有成长空间

只有慢的教育才能在孩子的心灵留下印记，所以父母一定要有耐心。有耐心的背后是信心，没有耐心的父母，对孩子可能已经失去信心；对孩子有信心的父母，对孩子一定有耐心。

·避免情绪化沟通

父母要避免掉入情绪的陷阱，不要带着情绪与孩子沟通。我可以表达我的情绪，但是我不可以带着情绪去表达，比如：愤怒的时候很少有家长说："孩子，妈妈此刻有些愤怒，妈妈需要一些时间消化我的愤怒。"大部分家长都是带着愤怒的情绪大声地说话，所以，很多时候是我们教会了孩子如何进行表达。我知道我们的情绪很容易受到孩子的影响，但在跟孩子的整个交流过程中父母要保持冷静，以避免被影响。无论我们的孩子在说些什么，或者如何交流，家长都要把注意力集中在孩子想要表达的事情上，而不是那些可能会带来麻烦的言语攻击。

第四章

不同生活场景的亲子沟通技巧

说话是一种能力，会说话是一种智慧。

第一节　孩子撒谎了，如何沟通

无效的沟通模式

妈妈进门看见鱼缸被砸碎了，鱼也死了。

无效沟通成因

· 利己性的说谎：这类说谎在一定程度上是为了逃避惩罚而进行的自我保护，或者是为了满足自我物质和精神上的需求。

· 游戏性的说谎：受到周围环境的影响，有时候孩子会在好奇心的驱使下，模仿身边的大人或电视里的人物说谎，从而得到乐趣。

· 对抗性的说谎：这一类说谎主要是孩子对家长产生逆反心理时采取的对抗性应激措施，以获取亲子关系中的一部分权力。

有效的沟通模式

妈妈进门看见鱼缸被砸碎了，鱼也死了。

江江妈妈

江江，地上怎么都是玻璃碴，你有没有受伤？

江江挠着头说没有。

江江妈妈

没有受伤就好，快把扫帚拿过来。

妈妈，您真的不生我气吗？

江江

江江妈妈

比起生气，把这里处理干净不让其他人受伤更重要。

艺丹教你怎么做

首先，家长不要逼迫孩子承认自己说谎。

家长应该鼓励孩子多说真话，一方面让孩子明白实话实说不会给他们带来更多的麻烦，另一方面反而会帮助家长更明白孩子的需求。

其次，家长要防止“逼”孩子说谎。

家长不能以“高压力，高标准”的方式对待孩子，反倒要让孩子看到，在他们勇敢承认错误的时候，得到的并不会是承认错误的惩罚，而是对诚实行为的肯定，并解释清楚批评跟惩罚是由于某件事违背了规则，并非是因为承认错误。

最后，家长要以身作则，讲真话。

“家长是孩子最好的老师，家庭是孩子最好的学校。”我们都知道“父母是原件，孩子是复印件”的道理，只有自己身体力行，才能真正成为孩子的良师益友。

第二节　孩子犯错了，如何沟通

无效的沟通模式

一对兄妹在客厅玩，妹妹被地上散落的积木扎了脚，大哭起来，妈妈起身抱起妹妹。

妈妈

宝宝，哥哥又欺负你了吗？

妹妹

我的脚好痛。

妈妈

你为什么总是要把妹妹弄哭呢？能不能让我消停一会儿。

妈妈，不是我弄的，是她自己踩到积木了。
哥哥
那你玩完为什么不能放好呢？
妈妈
明明是她自己拿的，为什么要怪我。
哥哥
你比妹妹大那么多，不能帮妈妈照顾吗？
妈妈
我是在帮你照顾啊，为什么你不在意我说什么呢？妹妹才是你亲生的吗？
哥哥

无效沟通的成因

· 亲子沟通中很多的误解和冲突，是家长没有去了解孩子并与孩子沟通，而是直接以自己的主观意识去下定论造成的。

· 生活中很多误会的产生，是因为家长缺少一份理解和耐心。孩子的同一个行为会存在许多不同的原因，家长没有问清原委，亲子关系将会陷入僵局。

有效的沟通模式

一对兄妹在客厅玩，妹妹被地上散落的积木扎了脚，大哭起来，妈妈起身抱起妹妹。

妈妈

妹妹怎么哭啦，哥哥快来跟妈妈一起看看她弄到哪了？

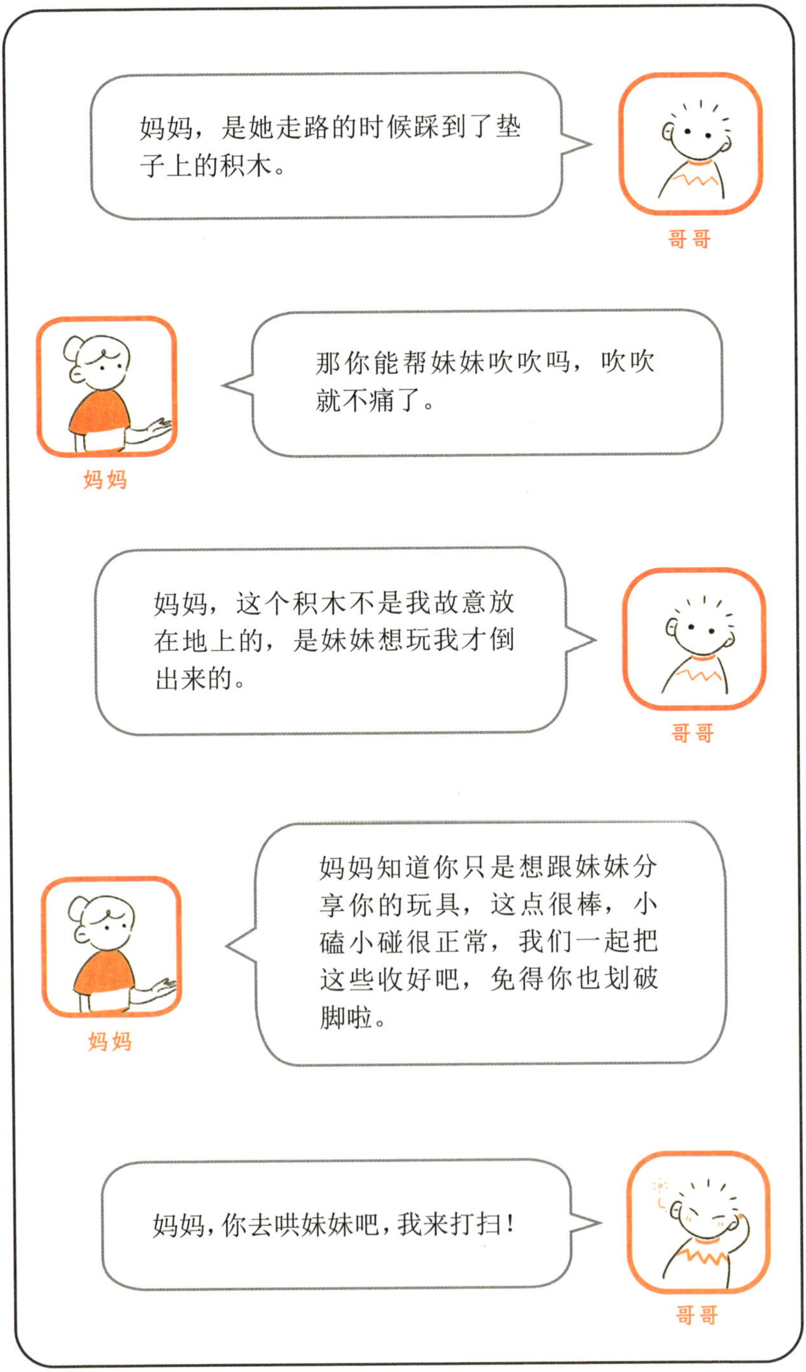
妈妈，是她走路的时候踩到了垫子上的积木。
哥哥
那你能帮妹妹吹吹吗，吹吹就不痛了。
妈妈
妈妈，这个积木不是我故意放在地上的，是妹妹想玩我才倒出来的。
哥哥
妈妈知道你只是想跟妹妹分享你的玩具，这点很棒，小磕小碰很正常，我们一起把这些收好吧，免得你也划破脚啦。
妈妈
妈妈，你去哄妹妹吧，我来打扫！
哥哥

艺丹教你怎么做

首先，当孩子做错了事情，家长要先了解犯错背后的动机和原因。

如果家长没有事先了解孩子做事的动机，没有问清原因就惩罚孩子，会导致孩子出现偏差行为，尤其是青春期的孩子。面对孩子的偏差行为，家长不可全盘否定、一概而论，要多关爱孩子，给孩子足够的安全感，才能了解孩子行为背后的真相，做到对症下药。

其次，家长要站在孩子的角度看问题，让孩子感到被理解，而不是主观化地做“判官”。

家长没有了解清楚事情的真相，就断定是孩子的问题，孩子会感觉很委屈。家长不调查原因，不了解真相，单凭“想当然”处理问题，这不仅会伤害到孩子，还会伤害家长与孩子之间的关系，会大大降低家长的威望。站在孩子的角度看问题，换位思考。当孩子得到了家长的信任，一定会把前因后果述说明白，从而使家长更好地找到犯错的根本原因，帮孩子纠正错误。

第三节 孩子考试不及格，如何沟通

无效的沟通模式

男孩把一张 54 分的卷子递给爸爸，
爸爸拿起笔愤怒地在上面画叉。

爸爸

告诉你多少次了，要认真复习，你就是不听。

考试的时候我太紧张了，一时想不起，后来就耽误了时间。

男孩

爸爸

这些题反反复复做了那么多次，还是不会，这就更加说明你的能力不行了，笨蛋。

无效沟通的成因

· 面对不及格的成绩，孩子本身就不知所措，家长极端的反应会让孩子更加不知如何是好，心理负担变大会使孩子对学习产生厌烦情绪。

· 家长因为成绩对孩子本身的全盘否定会导致孩子自卑，对自我产生怀疑，也会觉得爸爸妈妈的爱是有条件的，从而在心理上有所疏远。

有效的沟通模式

男孩把一张54分的卷子递给爸爸，
爸爸认真地看试卷。

爸爸

听老师说这次你比上次进步了8分，太棒了，不过你有思考为什么错了这些题吗？爸爸看你好像做过。

有一些是粗心，有一些是时间不够没写完。

男孩

爸爸

你都能总结得这么全面了，看来你很了解题型也很了解自己，这是比分数更重要的事情。

爸爸，我这次没及格你会怪我吗？

男孩

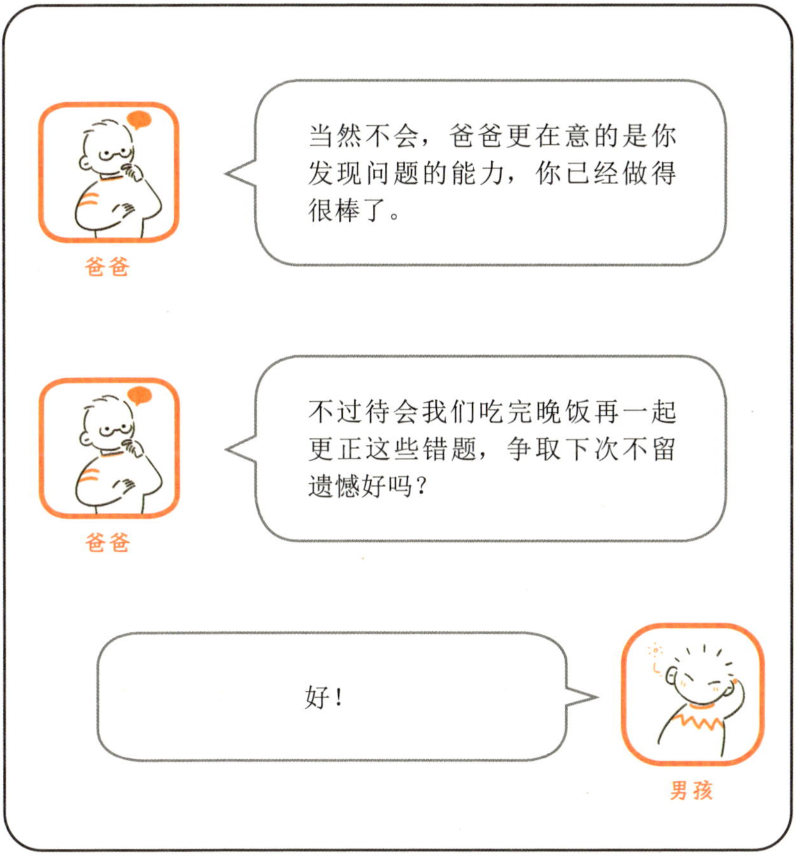

艺丹教你怎么做

首先，增加信心，运用榜样的力量。

很多孩子认为自己没有优点，对学习缺乏信心，这时候父母要给孩子做心理建设，可以给孩子讲很多名人的故事，让孩子了解每个人都拥有自己的天赋潜能。

其次，设立合理的目标，让孩子只要一努力就能达成。

一个孩子的能力增长需要用一些良好的反馈和成就感来实现，父母可以跟孩子设立合理的目标，目标可以稍稍高出孩子的能力范围，但是可以通过努力达成。父母通过循序渐进的方式，让孩子在学习中不断看到希望，这样孩子会保持学习的热情，不断进步。

第四节　孩子爱撒泼，如何沟通

无效的沟通模式

菲菲和妈妈站在玩具货架前，
菲菲指着货架上的娃娃，抬头看着妈妈。

妈妈，我想要买这个娃娃。

菲菲

妈妈

家里已经有很多娃娃，不能再买了。

可是这个跟家里的不一样，如果你不给我买，我今天就不走了。

菲菲

菲菲一屁股坐在地上，开始哭，
妈妈反手给了她一耳光。菲菲开始在地上打滚。

妈妈

你这么任性，我再也不会带你来商场了！

无效沟通的成因

·家长对孩子过于溺爱、娇惯、放任、迁就。家长对孩子没有任何约束，孩子也会随之失去控制自己性格的能力。

·家长用打骂、限制等粗暴的方式教育孩子。家长要求孩子绝对服从，这是违背孩子的身心发展规律的，会埋下孩子任性的种子。

·家长无视孩子自尊心。有些家长在跟孩子沟通时总爱讽刺、挖苦、责骂孩子，或者当着众人面批评孩子，家长说的话虽然是对的，但孩子为了保全自己的面子而不能接受批评，所以很多孩子就以“拧”来对抗父母。

有效的沟通模式

菲菲和妈妈站在玩具货架前，
菲菲指着货架上的娃娃，抬头看着妈妈。

妈妈，我想要买这个娃娃回家。

菲菲

妈妈

菲菲，为什么家里有那么多娃娃你还想买这个回家呢？比起家里的娃娃，你觉得它有什么不一样吗？

我觉得它更好看。

菲菲

妈妈

可是正是因为之前那些娃娃好看，我们才把它们买回家的啊。

我不管我不管，我就要买回家！

菲菲

菲菲开始坐在地上打滚，妈妈采用冷处理，货架上挂着的时钟显示时间为 9：15。

妈妈

你用这样的方式要求妈妈给你买礼物，妈妈是不会买给你的，你有情绪可以宣泄，我在这里等你宣泄完再一起回家。

墙上的时钟变成 10：00。

妈妈，我错了，我们回家吧。

菲菲

妈妈

你已经开始学会处理自己的情绪了，真棒！

艺丹教你怎么做

首先，家长的态度要坚定，坚持自己的原则。

对于孩子不合理的要求、不良的行为，不能孩子一哭闹就选择妥协。

其次，家长要学会延迟满足孩子的需求，节制孩子的欲望。

家长溺爱孩子，无限制地满足孩子的需要，会导致孩子欲望膨胀。在家里，家长跟孩子沟通时就要适当地延迟满足孩子的需要，节制孩子的欲望，能节制欲望的孩子一般不会任性。

最后，家长要引领孩子扩大视野，增长见识。

孩子任性是因为他们还分不清坚强与固执、谦让与软弱、勇敢与蛮干的区别。当孩子学习的知识多了，就会改变自己过去一些错误的认知和做法。

第五节　孩子早恋了，如何沟通

无效的沟通模式

一位母亲正在撕碎日记，女孩站在旁边哭。

妈妈，我求你别撕了。

女孩

妈妈

让我别撕了？这东西简直不堪入目。

你能不能说话不要这么难听？

女孩

无效沟通的成因

·父母沟通时没有把握好“度”，“度”掌握得过严，会导致孩子产生逆反心理，甚至损伤孩子的自尊心。

·处于青春期的孩子本身就会有不安和敏感的情绪，而家长过激的批评和指责会放大这种情绪，导致孩子做出一些过激的举动，跟家长吵架只是其中一种宣泄方式。

有效的沟通模式

母亲放下手里的日记本，
女孩表情惶恐地看向母亲。

妈妈

抱歉，我不知道这是你的日记，我们出门给你买一个带密码锁的日记本吧。

妈妈，我知道是我错了，我变坏了。

女孩

妈妈

你没有变坏，是长大了，你不是“早恋”，只是跟同学之间“接触频繁”。妈妈像你这么大的时候也有过这样的想法。

妈妈，那你是怎么处理的。

女孩

妈妈

妈妈喜欢的那个男孩子很优秀，所以妈妈就很努力地学习，想要让他看见妈妈在光荣榜上，后来跟他变成了很好的朋友。

艺丹教你怎么做

首先，父母要学会站在孩子的立场，给孩子共情关注，让孩子充分表达，设身处地为孩子着想，理解青春期孩子情感发育的特点，帮助孩子度过难关。

家长不能一味地责备孩子，青春期的孩子如果开始谈恋爱，要首先肯定孩子的社交能力，以及情感发育正常的部分，同时引导孩子正确处理情感问题，不放大问题，共情和理解会帮助孩子建立男女生交流的界限。

其次，家长可以讲述自己青春期的经历，在轻松愉悦的氛围中，拉近与孩子的距离。

这样孩子会跟父母产生共鸣，成为无话不谈的朋友。如果遭到父母的反对，得不到父母的理解，就无法跟父母产生共鸣，亲子关系也就越来越疏远了。

最后，通过沟通引导孩子将精力放到学习上，使孩子的感情得到升华。

每个孩子进入青春期以后都有青春期萌动。那些有理想、有追求、把精力都用在学习上的孩子，青春期萌动往往会被淡化。孩子爱上了学习，把心思都用在学习上可以减轻青春期的心理动荡。有了理想，就会有更强的理智，它能抑制不合时宜的早恋，也是防止早恋的根本途径，是一个治本的方法。

第六节　孩子很懒，如何沟通

无效的沟通模式

母亲在主卧收拾，孩子的房间很乱，
但孩子在床尾玩玩具，父亲站在房门口玩手机。

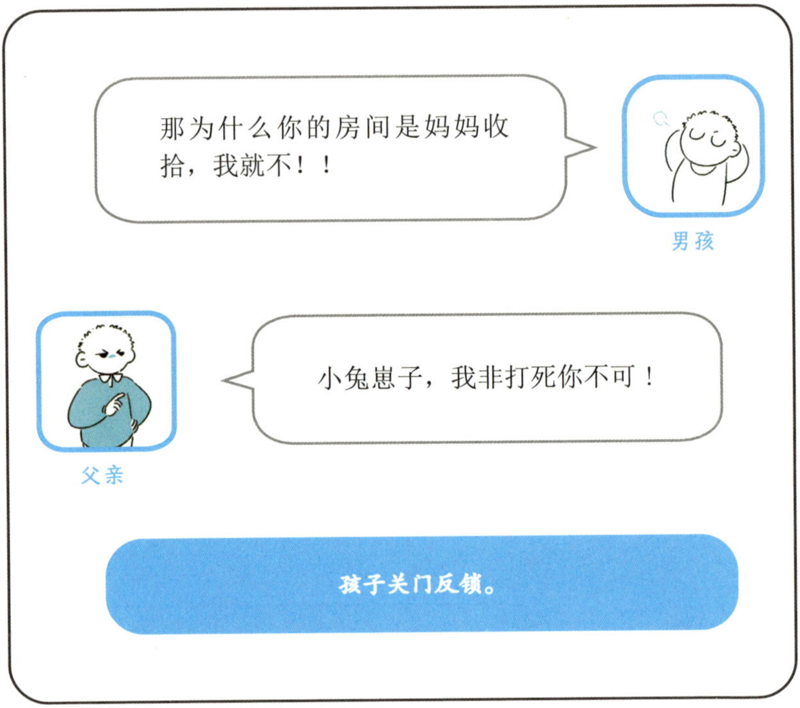

无效沟通的成因

·家长发号施令的时候忽略了自己也站在了反例那边。在沟通中家长对孩子提出要求，自己却没有承担起对应的责任，这会让孩子有不公平的感觉，导致孩子产生逆反心理。

·家长没有选择正确引导的沟通方式，而是缺乏耐心，选择用武力压制，使得自己跟孩子之间的矛盾加剧。

有效的沟通模式

妈妈在房间收拾，
爸爸拿着扫把站在孩子房间门口。

父亲

你知不知道有个词语叫“女士优先”？

我当然知道啦！

男孩

父亲

你看你学习了一周很累，我跟妈妈工作了一周也很累，但是妈妈却在打扫，给我们创造一个干净舒适的环境，我们是不是也应该让她先休息呢？

女士优先，是应该让妈妈先休息，
可是我也不想打扫卫生。

男孩

艺丹教你怎么做

孩子懒惰，父母正确的处理和沟通方式，会让孩子热爱劳动，热爱劳动可以提高孩子的意志力和竞争能力，从而避免了孩子成为思想的巨人、行动的矮子。

首先，沟通时可以提倡“家务劳动承包制”。

家长跟孩子一起制定“家务劳动承包制”，并且相互督促、检查，这样长期坚持下去，就形成了家庭的劳动制度，经过反复强化，孩子就会主动干活，同时，这样也锻炼了孩子的生活能力。

其次，父母在跟孩子沟通时要启发兴趣，多鼓励，多表扬。

劳动习惯的培养一定要注意启发孩子的兴趣，孩子有了兴趣，才会有干下去的动力。当孩子获得了劳动的成果时，家长要及时运用表扬的方法，鼓励孩子，调动孩子的劳动积极性。家长切记，不能用劳动惩罚孩子，也不要用金钱贿赂孩子。

最后，关于劳动问题父母要以身作则，积极参加劳动。

家长本人要积极参加各项劳动，同时也要支持孩子参加学校的各项劳动，鼓励孩子多干一些，从而培养孩子助人为乐的精神，同时也培养了孩子全心全意为人民服务的好思想。

第七节　孩子打架了，如何沟通

无效的沟通模式

脸上贴着创口贴的孩子走进家门，妈妈迎上去。

妈妈

下午老师又给我打电话了，你这孩子怎么这么不让人省心。

孩子沮丧地低头不说话，
妈妈走上前去抓着孩子的手。

妈妈

我辛辛苦苦地赚钱送你读书，是送你去打架的吗？快跟我说说怎么回事。

妈，是大强先动手打我。
男孩
一个巴掌拍不响，他为什么只跟你打架，不跟别人打架。
妈妈
是他先在别人面前说我的。
男孩
你自己做好了，别人有机会说你吗？犯了错还只会怪罪别人，我是这么教你的吗？
妈妈
你为什么就不能好好听我说话呢，我不想跟你说了。
男孩
孩子摔门而出。

无效沟通的成因

· 家长不分青红皂白，不问原因和理由，断定孩子只要打架就是不对。家长不调查原因，不了解真相，单凭“想当然”处理问题，这些过于自信的表现不仅会伤害到孩子，还会伤害家长与孩子之间的关系，会大大降低家长的威望。

· 家长面对受伤的孩子，不关心他身体的伤口，不关注孩子的感受，只一味地数落孩子、责怪孩子，会让孩子产生了自卑心理和逆反心理。

· 家长说话的语气过于强硬，会让孩子只感受到怒气，感受不到对自己的关爱，还会让孩子封闭内心，一味地想逃避问题。

有效的沟通模式

贴着创口贴的孩子走进家门，
妈妈拿着一瓶药迎了上去。

妈妈

你的脸是怎么啦？痛不痛？

下午有点痛，现在不痛了。妈妈，我……

男孩

妈妈

老师跟我打电话说，你在学校跟同学打架了，妈妈觉得很吃惊，因为妈妈觉得那么懂事乖巧的孩子不可能会跟人打架，你是不是受到什么委屈了？可以跟妈妈分享一下吗？

是做课间操的时候，大强被绊了一跤，同学们都笑他，他觉得很没面子，我恰好站在旁边，他非说是我故意伸脚绊他，就来推我。

男孩

妈妈

这么说，你是正当防卫咯？

也不全是，其实我也可以走开，但是那一下我也有点顾及面子，就跟他吵起来了。

男孩

妈妈摸了摸孩子的头。

妈妈

你能这么坦诚，妈妈很开心，虽然这件事的起因在他，但是妈妈觉得你可以有更冷静的解决方式，武力解决不了任何问题。

妈妈

你看现在衣服也破了，身上是不是也很痛，妈妈接到老师的电话生怕你伤到了，一天都在担心，希望你下次能够冷静地解决问题。

妈妈，让你担心了，对不起！

男孩

男孩

艺丹教你怎么做

孩子成长的路上状况频出是常有的事，面对孩子和别人的冲突，作为家长应该怎样正确引导呢？

首先，要了解孩子内心的感受，让孩子感到被理解。

家长要坦诚，要让孩子感受到你的理解和关爱，这样孩子在感受到家长的接纳和理解后，才会愿意与家长进行进一步的沟通。亲子之间的沟通恢复了，问题就已经解决一大部分了。

其次，家长要运用语言的艺术，好话要好好说。

很多时候孩子感受不到家长的爱，实际上是因为家长总是选择用一种生硬的话语去表达自己的爱，很多关心说出口之后反倒砌成了他们与孩子之间的壁垒，尝试直接地表达爱，让孩子的心与自己更加贴近。

第八节　孩子被老师批评了，如何沟通

无效的沟通模式

孩子刚进家门，垂头丧气、满脸沮丧，很不开心的样子。

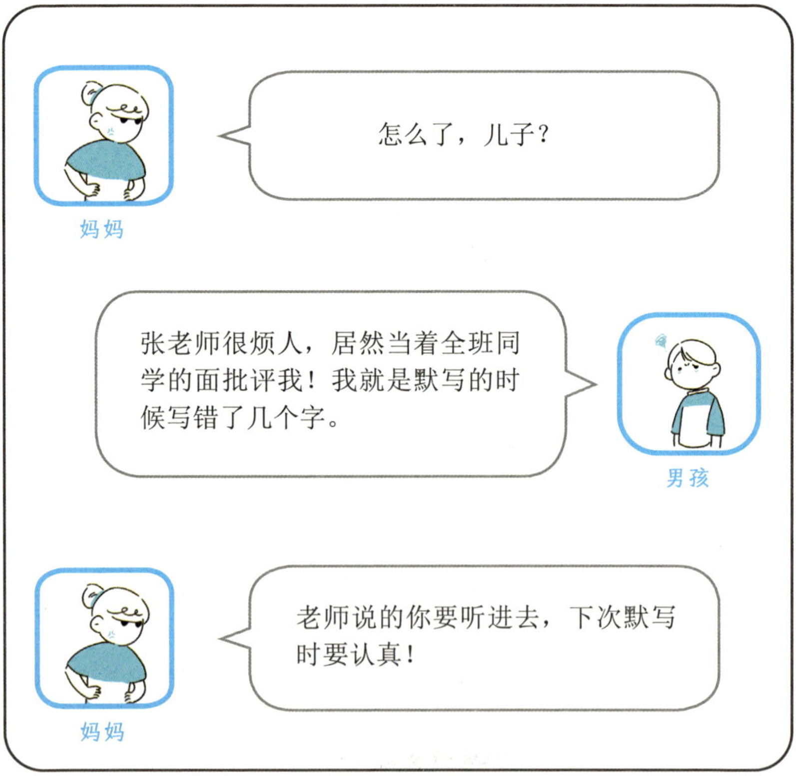

无效沟通的成因

· 孩子受到了批评，沮丧地回到家，本来是想得到家长的一些安慰。结果家长看到后，不但没有安慰和鼓励孩子，反而说："告诉你多少次了，要认真复习，你就是不听。”孩子的情绪没有得到理解，因此拒绝与家长沟通。

· 家长一直站在家长的角度，没有放下姿态，平和地去跟孩子沟通，所以孩子听不进去家长的话。

有效的沟通模式

孩子刚进家门，垂头丧气、满脸沮丧，很不开心的样子。

妈妈

儿子，妈妈看你不怎么开心，是不是发生了什么事？

张老师很烦人，居然当着全班同学的面批评我！我就是默写的时候写错了几个字。

男孩

被老师批评了，我想你一定很伤心难过，但是没关系的，谁都有写错字的时候。妈妈非常理解你的心情！
妈妈
我们可以一起想一想，下次要怎么做才能不写错字呢？
妈妈
只要好好复习，多写几遍生字，就可以减少错误了。
男孩
妈妈就知道你是个既聪明又努力的孩子，你一定会想到办法的，妈妈相信你可以做到的！
妈妈
妈妈

艺丹教你怎么做

当孩子的情绪得到了认同，他自己就会找到解决问题的方法。

首先，家长可以用“冷静法”来处理孩子的情绪。

孩子在发怒时，家长自己要先平静下来，调整好心态后，跟孩子说：“你先冷静冷静，没什么事情是解决不了的。”一个正在发怒的人，就好像一瓶用力摇晃后立刻开启的香槟酒，酒会喷射出来而洒得到处都是，但是如果我们把瓶子静置一会儿，然后再把酒慢慢地打开，自然就会好很多。这就是“冷静法”的好处。

其次，在沟通中让孩子感受到父母的关爱和认可。

在成长过程中，孩子得到家长的关爱与认可越多，自信心就会越强，情绪就会越好；孩子感到被重视、被关注，才会更好地化解不良情绪。当孩子在压抑着自己的情绪时，家长可以轻轻地把孩子抱在怀里，轻拍孩子的后背和抚摸孩子的头发，或者握住孩子的手，用和蔼的眼神凝望着孩子，这时孩子会感受到来自父母的关爱，就不会产生与父母对立的情绪。

第九节　孩子觉得自卑，如何沟通

无效的沟通模式

小明爸妈打开家长群，却发现小明在所有的春游照片里都用帽子遮住脸。

爸爸

为什么照相的时候要这样作怪，你见不得光吗？

他们都笑话我胖，我才不想被他们看到照片笑话。

小明

妈妈

你平时吃的时候怎么不怕被说呢？

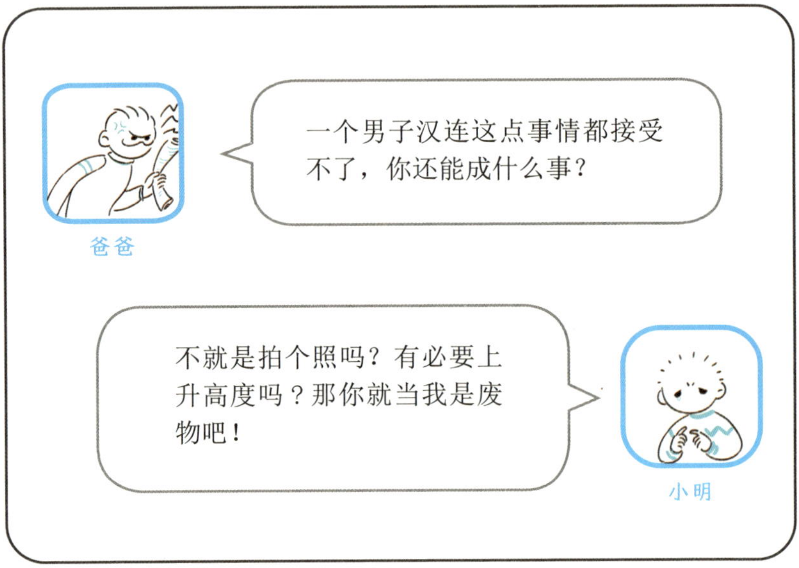

无效沟通的成因

·家长害怕孩子骄傲。家长只看孩子的缺点，会让孩子越来越自卑，而家长的负面评价也会让孩子变得更加消极。

·家长的选择性关注。很多家长都把注意力放在孩子的缺点上，希望缺点被一一改正，但与此同时孩子的优点就会被忽视，导致优点无法强化加深，从而影响孩子的长处或者在某方面的潜力。

有效的沟通模式

小明爸妈打开家长群，却发现小明在所有的春游照片里都用帽子遮住脸。

爸爸

儿子，你这帽子虽然好看也不至于比你好看呀，怎么变成帽子在春游纪念了呢？

我故意的，同学们都爱说我胖，我不想他们笑话我。

小明

爸爸

我儿子多帅啊，你现在正是长身体的时候，这叫结实。

妈妈

对啊，你看流感的时候那么多同学病了就你没事，都是身体好才免疫力高。如果你觉得不满意，那我们就开始一起运动。

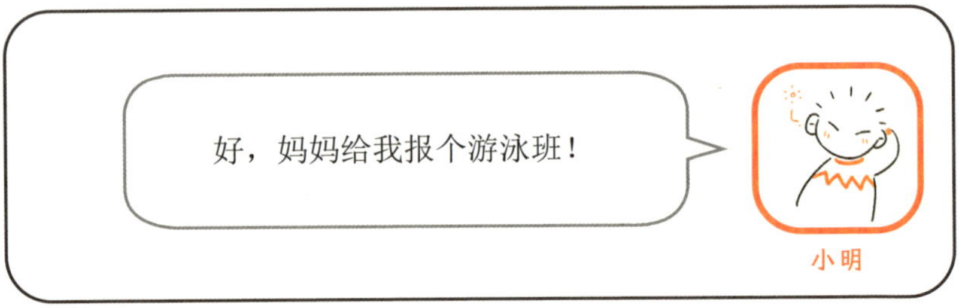

艺丹教你怎么做

首先，家长要创造条件让孩子找到并发展自己的优势，让孩子用优势去克服劣势。

这会让孩子的信心倍增，发挥优势，去克服平时生活或学习中遇到的困难或挫折。

其次，家长跟孩子沟通时要多用鼓励和赞赏、肯定和认可，少用批评和指责。

鼓励、赞赏可以激发一个人的兴趣；肯定、认同可以坚定一个人的信念。

最后，沟通时一定要抓住孩子的进步、坚持、乐观向上等积极因素。

“数子十过，不如奖子一长。”适时、适度的表扬可以让孩子看到自己不同的优势，这样做孩子会消除心理上的一些障碍，感受到更多的鼓舞，汲取更多的力量和信心。

第十节 孩子有秘密了，如何沟通

无效的沟通模式

小晴站在书桌前翻开日记本，
桌子上有几根头发。

妈妈，你是不是偷看我日记了。

小晴

妈妈

我没有看你的日记。

但是我的日记本本来是放在抽屉里的，里面夹着的头发也掉出来了。

小晴

无效沟通的成因

·孩子的隐私意识逐渐增强，是孩子走向成熟的标志，如果家长过度干预孩子的隐私，不尊重孩子，就会失去孩子的信任，亲子之间沟通的渠道就会关闭。

·家长在无意中知道了孩子有这些不良的行为后，选择了不恰当的方式进行干预。例如早恋，很多家长为了制止孩子早恋，简单粗暴地训斥甚至打骂孩子，但这只会让孩子越滑越远。

有效的沟通模式

小晴站在书桌前翻开日记本，
桌子上有几根头发。

妈妈，为什么我的日记本被拿出来了，我在里面做的记号也变了，你是不是偷看了我的日记。

小晴

对不起小晴，没有尊重你的隐私是妈妈的错，但最近你跟妈妈的沟通太少，我担心你。

妈妈

你为什么知道是错的还是要看？

小晴

自从你上了初二，就很少跟我聊天，妈妈也是担心你。

妈妈

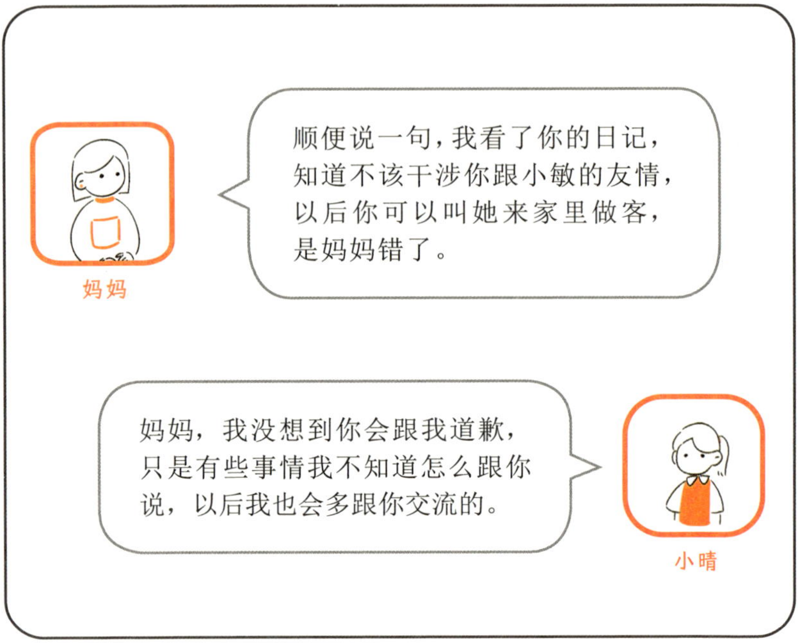

艺丹教你怎么做

首先，如果你知道了孩子的隐私，切记要替孩子保密。

信任是打开亲子之间沟通最快捷的途径。如果孩子在信任你的基础上把他的隐私告诉了你，请你一定要替孩子保密。

其次，孩子的隐私中如果包含某些不良行为，家长要给予必要的干预。

如果家长在无意中知道了孩子有不良的行为，可以在给予孩子充分信任的同时，告诉孩子：如果遇到自己不能处理或有危险的事情，要及时跟爸爸妈妈沟通，向爸爸妈妈寻求帮助，爸爸妈妈会在第一时间给他帮助和支持。

最后，关于孩子的隐私问题，给你一些建议。

一般的隐私家长不需要干预，也不需要过度担忧，有些秘密只是孩子觉得是秘密，家长需要尊重孩子。

第五章

不同家庭的有效沟通指南

教育如同一场润物细无声的春雨，
一定是在点滴中慢慢灌溉。

第一节　家有一宝，如何沟通

独生子女的内心需求

很多人认为独生子女的性格特点是：孤独、压力大、有主见、以自我为中心。也有人认为他们倔强、自私、内向、胆小、依赖性强，又不太容易换位思考，不容易相处和沟通。

在生活中独生子女对自己的期待特别高，因为他要做独一无二的人。在他的世界里面自己是独特的，而且他应该获得最大的爱与关怀，独生子女对父母的期待也非常高，同样地，父母对他的期待也是很高的。所以慢慢地，独生子女在人群当中还会显示出一种特质，他会对别人有高期待，也期待别人会更重视他更爱他，如果被忽视的话，他会隐隐约约地有失落感。

独生子女面临最大的问题：

· 人际关系的问题
· 沟通能力的问题

独子家庭的交流指南

第一，要注意父母的养育方式，给予的是责任还是溺爱。

如果父母们全权包揽孩子生活里的全部，这样的溺爱会让他们逐渐无法应对人生的任何挫折，是对他们生命力的一种削弱。真正的爱，是让孩子既有责任感，又有自我驱动力。父母在养育孩子的过程中，应该先培养孩子对家的责任感，适当地让孩子分担家务，这种亲身体验比口头的言语教导要来得更加深刻清晰。在点滴中让孩子成为对家庭有用的人，让他们在家庭中承担起家庭责任，也学会对自己的人生负责。

第二，对不同性别的孩子，我们可以选用不同的美好特质给予他们心理上的暗示。

教育如同一场润物细无声的春雨，一定是在点滴中慢慢灌溉。如果家里是男孩子，在日常生活中，父母要肯定儿子，给予他价值感。如果家里是女孩子，要让她感受到自己是父母生命的至重，被父母重视的女儿会非常有魅力。

第三，父母要给孩子空间和机会，不要过多地参与孩子之间的问题。

孩子们在一起玩的时候可能会有各种各样的矛盾，给孩子空间和时间去处理他们之间的问题，一个独生子女，都没有机会和别人发生矛盾，让他将来怎么去拓宽他的心胸格局呢？冲突过后才会知道什么叫做伤害，他才会注意自己的言行。一个人体验过所有的感受，那这个人会变得圆融；如果一个人都没有机会体验这些感受，那么他长大后就没有办法获取同理心。我们想要让孩子将来更幸福，一定要让他学会圆融，他才会变得成熟。

第四，父母要有意识地去给孩子创造一个朋友圈。

最后的方法是父母先组建一个高能量的朋友圈，最好是在一起学习成长的父母们，大家教育孩子的理念是一样的。这个朋友圈会有定期的聚会交流分享，大人跟大人在一起，小孩跟小孩在一起，我们去给孩子创造一个拥有兄弟姐妹的环境。

第二节　家有多宝，如何沟通

多宝家庭的“求生存”状态

多子女家庭中每个孩子都处在“求生存”的状态中，什么是“求生存”状态？就是每个孩子都会尽可能地最大化地获取爸爸妈妈的爱。

在“求生存”状态之下多子女家庭的孩子通常有四种存在方式。

（1）差异化发展：孩子自身会根据自己的特点，选择不同的发展方向。

（2）有爱型竞争：当发展方向一致时，家庭内部会出现良性竞争。

（3）对抗性反应：部分孩子会选择用叛逆来吸引注意力。

（4）放弃型应对：逆来顺受是这一种存在方式的特征。

父母爱的能量等级也决定孩子的命运，孩子慢慢形成的性格特质跟父母爱的方式有关，所以作为父母，我们需要提升爱的方式、爱的空间、爱的等级和爱的长度。

差异化沟通方法

在养育多子女时，针对不同排序的孩子，父母与孩子沟通时的方向是不同的。

老大通常有担当，能做事，很有领导力，有权威，但是容易给别人压力。如果一个人跟别人相处的时候很容易给别人压力，说明他的亲和力不够，那就无法更好地发挥他的能力。他会很容易成为超级领导者。

怎么培养老大的同理心呢？要开发培养老大的感受力。当父母带老大出去逛公园的时候，就可以问老大：“你看看这个树开不开心啊？这棵树见到我们，它是怎么想的呢？”当见到一条小狗经过时，问他：“这条小狗刚才看了我们一眼，你知道小狗是怎么想的吗？”多问一些这样类似的问题，让他学会换位思考，站在别人的位置去看待自己，这样他就会逐渐培养同理心。

如果老大说话的模式，是会经常问感受性的词汇，那么结合我们前面谈到的一致性沟通，老大会非常有魅力，可靠又温暖。

中间排序的孩子情感是非常丰富的，做事很圆融，不会给人压力，但是另外一个问题也来了，因为情感太丰富了就会很容易在乎别人对自己的看法。

由于他的情感丰富，所以情感来源就显得尤为重要。父母的喜怒哀乐是最容易被与世界相通的中间排序的孩子承接的。情感丰富的人很容易走两个方向，别人认为他好的时候就不断地往上走，别人认为他不好的时候就会往下掉。

父母一定要给予中间排序的孩子足够的肯定、欣赏和信任。所以父母要充分地给予老二信任，不管发生什么，都要说："爸爸妈妈相信你，我知道你一定是可以的，继续努力。"与老二沟通的时候需要注意眼神，老二最会察言观色，你的眼神他都能感觉得到，所以我们看老二的时候，对视的眼神一定要温和并带着信任，他会很受滋养、很有力量，自我价值就会走高。

最小的孩子是得到关注最多的孩子，他们是最不缺爱的人。父母往往会觉得最小的孩子聪明可爱，所以父母要给最

小的孩子补充什么呢？最小的孩子需要的是什么呢？答案是担当和独立。

当他需要父母帮助的时候，我送给爸爸妈妈一个锦囊妙计，就是“反用他”。孩子要求你帮他穿衣服时，我们说好的，那他就会越来越依赖。那我们应该怎么做呢？你加上一句话：“可以呀，孩子，你可以先挑一件衣服过来。”再比如孩子说：“妈妈我想写字。”我们回答：“可以啊，你先把笔和纸拿过来。”一定要懂得反用他，时间久了，他慢慢就学会自己决定了。

第三节　离异家庭，如何沟通

一位单亲妈妈的困扰

在一次课堂中，有位单亲妈妈跟我说：“我是一个 7 岁孩子的妈妈，两年前，我和孩子的爸爸矛盾越来越大，已经有了离婚的打算，但是为了孩子，我们又互相忍了两年。现在实在没办法了，只能选择离婚，孩子归我抚养，但是我们还没有和孩子说。虽然我们离婚之前没有当着孩子的面吵过架，但孩子已经察觉到了我们的关系很僵。有一次看到他偷偷躲在角落里抹眼泪，我真的很难受，我不知道该怎么和他说，也不知道自己一个人以后该如何教育他，才不会让他产生各种各样的问题。”

父母离异，该如何跟孩子沟通？

单亲家庭子女是我们在教育中不能忽视的一个群体。由于父母离异，家庭破裂，孩子的心理遭受了创伤，在以后的生活中也容易滋生许多新问题。

如果父亲或母亲能以正确的方式去沟通，做到以下两步，就能极大地降低对孩子的伤害。

第一步：诚实面对孩子，把事实告诉孩子。

爸爸或妈妈可以这样对孩子说：“孩子，爸爸妈妈两个没有血缘关系的人，因为相爱在一起。今天我们没有那么相爱了，所以选择了分开。但是，孩子，你跟我们不一样，你跟我们是有血缘关系的，你还是有爱你的爸爸、有爱你的妈妈，你跟其他孩子没有什么区别。唯一的区别是别的孩子的爸爸妈妈住在一起，而你的爸爸妈妈没住在一起而已。”

第二步：不把责任推到对方身上。

有的妈妈会这样对孩子说：“孩子，你不要像你老爸，他不是人，就是他把我们害得这么惨！”

妈妈为什么讲这些话，因为她希望孩子同情妈妈的难处，以后要多听妈妈的话。这个出发点是对的。但是，孩子听完并不会这么理解。对于爸爸妈妈分开这个事实，孩子已经感到很消极了，又经常听到爸妈跟他讲离婚相关的事，很可能会这么想："爸妈分开，一定跟我有关系，是我不够好。"孩子的自我价值本来不高，这样想更增加他的焦虑。在未来的生活中，他总想成为拯救者，去拯救这段关系，这给孩子小小的内心增加了很多负担。

如果你是妈妈，你应该这么说："孩子，有空给爸爸打个电话，他会想你，我知道爸爸很爱你。爸爸妈妈没有学会相处。但是，孩子，你不需要为爸妈没有学会相处这件事情买单，你是可以学会相处的。孩子，从今天开始，我们一起努力学会跟别人相处。"同理，如果你是爸爸也要这么说。这样讲，既能给孩子力量，又能引领孩子成长。

父母离异，如何保护孩子健康成长

父母离异，孩子是无辜的承受者。作为父母，我们怎么做，才能保护孩子，让他们更加健康地成长呢？

离异家庭中亲子沟通的技巧

·先处理好自己的情绪

处理好孩子的问题之前，我建议父母先处理好自己的问题，特别是情绪问题，比如：愤怒、怨恨、悲伤等不良情绪。有句话说：情绪过不去，理性出不来！父母要记住一个沟通原则：先处理情绪，再处理事情。

·给孩子一个完整的亲情

离婚，不是结束，而是一个全新的开始。双方要达成新的共识，建立新的平衡，要以孩子的健康成长为原则，多一些沟通，多一些陪伴。既然没能给孩子一个完整的家庭，那就要想办法给孩子一个完整的亲情。

第四节　重组家庭，如何沟通

重组家庭沟通的重要性

重组家庭就是重新组成的家庭。男女双方或者一方因为某些原因结束了前一段婚姻，后又进入另外一段婚姻。很多时候其中一方有孩子或者双方都有孩子，他们通过新的婚姻关系重新组成新的家庭。

在重组家庭，亲子关系就显得至关重要，亲子沟通更是重中之重。而有效的亲子沟通可以增进家庭成员间的情感与交流、理解与支持，让家庭更加和谐和美，同时更有助于孩子的健康成长。

重组家庭中亲子沟通的难点

· 文化背景和教育观念

重组家庭中的成员可能来自不同的文化背景，有着不同的教育观念，这可能导致亲子沟通障碍。

· 家庭关系的复杂

重组家庭可能涉及多个前任及现任伴侣成员，关系复杂，这可能影响亲子沟通的质量。

· 孩子的心理变化

重组家庭中的孩子可能面临心理压力，如对新的家庭环境的适应问题，这可能导致亲子沟通困难。

重组家庭中亲子沟通的误区

第一，错误的语气和肢体语言。

家长的语气和肢体语言可能传达出消极的信息，从而影响亲子沟通效果。家长应使用积极的语气和肢体语言来传达自己的意思。

第二，忽视孩子的感受。

忽视孩子的感受可能导致孩子不愿意与家长沟通。家长应关注孩子的情感状态，及时给予关心和支持。

第三，过度溺爱或放任。

过度溺爱或放任可能导致孩子缺乏自律和责任感。家长应适度引导和监督孩子，帮助他们建立正确的价值观和行为习惯。

重组家庭中亲子沟通的秘诀

（一）两大方针

• 建立信任：家长应通过诚实、公正和一致的行为来建立孩子的信任。当孩子信任家长时，他们更愿意分享自己的想法和感受。

• 保持尊重：家长应尊重孩子的观点、感受和决定，避免过度干涉。尊重可以让孩子感到被重视，从而提高亲子沟通的效果。

（二）营造环境

• 积极参与家庭活动：家长应积极参与家庭活动，增进与孩子和其他家庭成员之间的互动和了解。

• 建立共同兴趣：家长可以尝试了解孩子的兴趣爱好，并寻找共同点来增进亲子关系。

• 尊重前任伴侣成员：在重组家庭中，尊重前任伴侣成员是必要的。家长应避免在孩子面前诋毁或贬低前任伴侣成员，以免影响孩子对家庭的认同感和归属感。

（三）注重倾听

• 专注倾听：家长应全神贯注地倾听孩子的讲话，避免打断或提前做出判断。

• 反馈式倾听：家长应通过反馈来表明他们理解孩子的意思，例如重复或总结孩子的话。

• 情感支持：家长应表达对孩子的情感支持，让他们感到被接纳和理解。

（四）有效表达

• 正向引领：家长应避免过度指责，并通过正向的引导和鼓励来帮助孩子成长。

• 正面语言：使用肯定语言可以让孩子感到被认可和鼓励，从而更愿意与家长沟通。

• 真诚表达：家长可以适当地表达自己的感受，让孩子了解自己的情感状态。

小明的父母离异后，父亲再婚娶了小丽，爸爸带着小明和继母小丽共同生活。尽管小丽努力做一个好继母，但小明始终对她心存芥蒂，两人的关系一直处于紧张状态。

一天晚上，小明在房间里玩游戏，继母走进来提醒他该做作业了。小明很不耐烦地回应道："你能不能不要管我，我自己知道怎么做！"继母感到很受伤，默默地走出房间。

后来，小明的父亲知道了这件事决定和小明进行一次深入的谈话。他告诉小明："你知道吗，继母这么做都是为了你好，关心你才会提醒你。"

小明听了父亲的话开始反思自己的行为，同时还用父亲告诉他的沟通技巧给继母以回应。经过一段时间小明与继母的关系变得越来越好，同时也开始更加主动地分享自己的想法和感受。他发现原来继母并不是那么可怕，只要双方都用心去理解对方，就可以建立良好的亲子关系。

这个故事告诉我们，在重组家庭中，有效的亲子沟通是非常重要的。家长和孩子都需要用心去理解对方，用爱去包容对方。只有这样才能建立起一个和谐幸福的家庭。

（五）适应需求

·根据年龄段调整沟通方式：不同年龄段的孩子有不同的需求和兴趣，家长应根据孩子的年龄段调整自己的沟通方式。

·尊重孩子的个性：每个孩子都有独特的个性，家长应尊重孩子的个性特点，选择合适的沟通方式。

总之，重组家庭的亲子沟通是一个复杂而重要的任务，需要更多的耐心和理解。通过建立信任与尊重、营造环境、用心倾听、有效表达以及适应孩子需求等方法，可以建立更有效的沟通，收获更好的效果，促进家庭成员间的情感与交流、理解与支持，有助于建立一个温暖有爱的大家庭。

第六章

影响孩子的66句话

父母如何看待世界，孩子就如何看待世界。

01. 你是世界上独一无二的人。

02. 你是世界上最棒的人。

03. 你很有亲和力，很有自信，能给予人温暖。

04. 你是非常勤奋和努力的人。

05. 你很有智慧。

06. 你很喜欢帮助别人。

07. 你是一个天生的领袖。

08. 你是一个很容易相处的人。

09. 你热爱学习、喜欢学习。

10. 你热情开朗主动交朋友。

11. 你在朋友中很有感染力。

12. 你未来一定是一位有杰出成就的人。

13. 你值得拥有一切梦想。

14. 你有很强的决策力。

15. 你有超强的开拓精神。

16. 你会拥有无比丰盛的财富。

17. 你喜欢自动自发地学习。

18. 你学习的时候非常地高效，成绩会越来越好。

19. 你的语言表达能力非常出众。

20. 你非常善于总结学习规律。

21. 你对各类学科充满了强烈的兴趣，各科的成绩都越来越好。

22. 你德智体美劳全面发展。

23. 你喜欢清洁、干净，讲卫生，爱惜自己的衣物及用品。

24. 你按时起床，按时睡觉。

25. 你按时完成作业，每次完成作业都会感到很充实、很快乐。

26. 你上网只看有意义的知识，到时间就下线。

27. 你具有超强的灵感与创造力。

28. 你有能力做好任何事情。

29. 你总是积极面对人生的各种境况。

30. 你是一个很有行动力的人。

31. 你热爱运动。

32. 你信念非常坚定，拥有强大的意志力。

33. 你拥有着非凡的理解力。

34. 你是一个勇于担当的人。

35. 你有很好的思考能力和感受能力。

36. 你是一个负责任的人。

37. 你是很有福报的人。

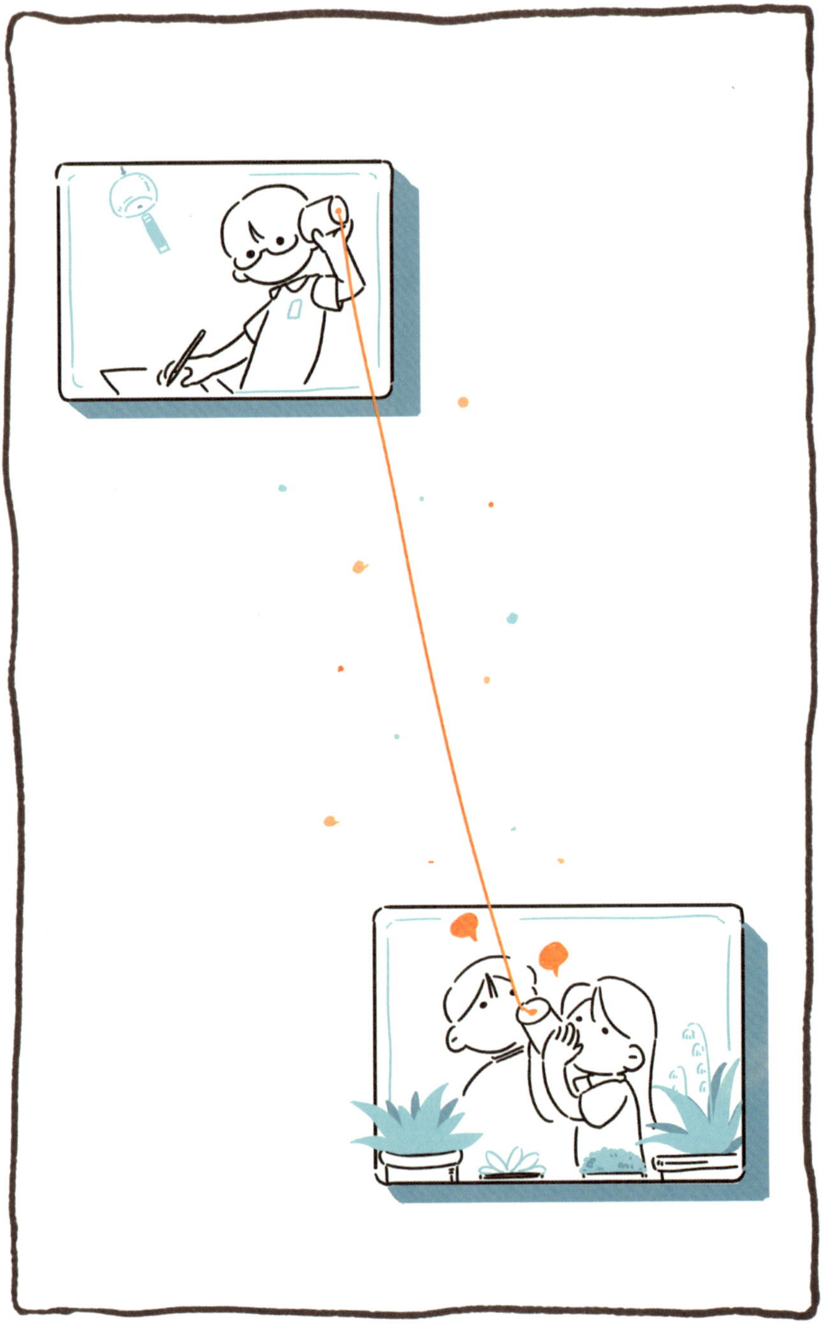

38. 你是一个乐观主义者。

39. 你懂得分享，懂得照顾别人。

40. 你的愿望和目标都会真正实现。

41. 你懂得感恩，懂得支持别人。

42. 你善于沟通，善于表达爱。

43. 你懂得欣赏自己，也懂得欣赏别人。

44. 你思维敏捷、学习神速，并且记忆牢固。

45. 你的创造力会越来越强。

46. 你是一个充满魅力的人。

47. 你喜欢充分地准备与预习。

48. 你爱学习，爱读书。

49. 你爱自己的父亲、母亲及家人。

50. 你的心灵很健康，充满快乐和积极的思想。

51. 你可以达成任何目标。

52. 你是一位宽容、豁达的人。

53. 你有超强的行动力。

54. 你的信心一天比一天强。

55. 你是一个非常自信的人。

56. 你是一个很有领导力的人。

57. 你喜欢付出，喜欢帮助他人。

58. 你经常赞美他人，善于结交朋友。

59. 你很重视自己的健康。

60. 你非常勇敢，有大无畏的精神。

61. 你是一个聪明、独立、能干的人。

62. 你喜欢看书，每次看书的时候都非常专心。

63. 你的同学老师都很喜欢你，你也喜欢他们。

64. 你一定会成功，成功是属于你的。

65. 你身边会有很多贵人。

66. 你是最棒的，一定会实现自我。